Sophie Rouvier
Mathou

24 étoiles pour Noël

W0404679

©Éditions First, un département d'Édi8, Paris, 2024.

Le Code de la propriété intellectuelle interdit les copies ou reproductions destinées à une utilisation collective. Toute représentation ou reproduction intégrale ou partielle faite par quelque procédé que ce soit, sans le consentement de l'Auteur ou de ses ayants cause est illicite et constitue une contrefaçon sanctionnée par les articles L. 335-2 et suivants du Code de la propriété intellectuelle.

ISBN : 978-2-412-09681-9
Dépôt légal : octobre 2024
Numéro de lot : 1
Imprimé en Chine

Directrice éditoriale : Marie-Anne Jost-Kotik
Responsable éditoriale : Cyrielle Londero-Gobry
Correction : Anne-Lise Martin et la Machine à mots
Mise en pages : Yohann Antier - La Fabrique Rouge

Éditions First, un département d'Édi8
92, avenue de France
75013 Paris
France
Tél : 01 44 16 09 00
Fax : 01 44 16 09 01
Email : firstinfo@efirst.com // serviceclients@lisez.com
Site Internet : www.editionsfirst.fr

QUELQUES MOIS PLUS TÔT…

— Dis donc, Mathou, on ne créerait pas un nouveau projet à deux, pour la fin de l'année ? Histoire, en autres choses, de trouver une excuse pour se voir plus souvent !

— Mais oui ma chouquette ! Carrément !

— Tu as envie de quoi ?

— Pour la fin d'année ?! Ça me paraît évident non ?

— Quelque chose qui fait du bien ?

— Exactement ! Un livre à lire bien au chaud, sous un plaid…

— Option chocolat chaud ?

— Je veux, oui ! Avec des miniguimauves !

— Une histoire réconfortante, qui mette dans l'ambiance de Noël ?

— Avec des personnages qu'on aimerait croiser dans sa propre vie ?

— Et des illustrations qui réchauffent le cœur ?

— Un chat ? Tu mettras un chat ?

— Bien sûr que je vais mettre un chat ! Des étoiles ?

— Beaucoup d'étoiles, de la neige, des lumières…

— Bon… On le fait ?

— Un peu qu'on le fait !

Parce que les enfants ne sont pas les seuls à avoir le droit au calendrier de l'avent, vous-aussi patientez jusqu'à Noël avec ce livre de l'avent. Découvrez une histoire pétillante en 24 chapitres à ouvrir chaque jour jusqu'au 25 décembre.

Mais avant de desceller le premier chapitre de cette nouvelle, assurez-vous de :

- avoir accroché votre poster pour vous mettre dans l'ambiance
- pouvoir prendre ces quelques minutes rien que pour vous
- être confortablement installé·e
- avoir une boisson chaude réconfortante à portée de main
- et bien sûr qu'aujourd'hui soit le 1er décembre !

Quand vous êtes prêt·e, munissez-vous de votre crayon ou d'une paire de ciseaux pour ouvrir les pages et entrez dans la magie de Noël. Imaginez-vous : vous marchez dans la rue, un bruit vous appelle, il provient de cet immeuble au 12 de la rue Mansart...

1

Il vaut mieux une idée pas dingue que mille idées pourries.

1

BASTIEN

Bastien pose son sac à dos près de la fenêtre qui donne sur la cour. Maintenant que ses cartons sont là, la loge semble plus petite que dans ses souvenirs. Comme il hésite entre sourire et soupirer, il pousse un grognement dans une grimace : il ne sait pas comment il a pu en arriver là, mais c'est ainsi : le voilà bel et bien gardien de cet immeuble biscornu, alors que, le mois précédent encore, il dirigeait une équipe de dix personnes à la banque Feder. À vrai dire, il sait tout à fait expliquer le changement radical de vie qui s'annonce : une chose en amenant une autre, il a été poussé à donner sa démission et à quitter le milieu bancaire dans lequel il évoluait depuis

presque dix ans. Il s'est vu, chaque matin, de plus en plus crispé, le dos bloqué, au point de multiplier les séances chez l'ostéopathe qui ne pouvait que constater, de rendez-vous en rendez-vous, les tensions présentes et lui conseiller de dormir plus et de faire des étirements… Bastien n'arrivait plus à tenir le rythme, la baisse des effectifs, les injustices auxquelles il ne pouvait rien. Et puis la perte de sens. Petit, il envisageait de réussir dans la vie, de changer le monde, et peut-être bien les deux à la fois, tant qu'à faire ! Résultat, il avait un bon salaire, mais il s'ennuyait ferme et ne sauvait pas la moindre vie. Était-ce cela, la réussite ?

Il ouvre un carton et entreprend de poser une partie de ses livres sur les étagères. La loge est meublée, il a d'ailleurs loué son propre appartement tout équipé. Cette idée le rassure : s'il a fait fausse route, il pourra reprendre son logement à défaut de son travail. Il aligne les BD et les classe par ordre alphabétique. De larges baies vitrées baignent les lieux d'une douce lumière, le temps est au beau fixe en ce début décembre. Sous une pile de livres, il trouve la carte que ses collègues ont signée lors de son pot de départ.

Pas vraiment convaincus que Bastien quittât réellement son poste, les collègues… Certains ont ricané nerveusement en apprenant qu'il avait

postulé pour un job de gardien d'immeuble Lui ? Le grand gars tatoué rigolo ? La bête de travail ? Le type qui fourmille d'idées et d'initiatives ? Il détaille les noms inscrits sur la carte en forme d'étoile et soupire en la positionnant sur le montant de la cheminée. S'ils avaient cette image de lui, c'est qu'il a sacrément bien fait de changer de crémerie. Il repense à l'annonce aperçue deux semaines plus tôt, sur la vitrine d'une agence d'intérim. « Urgent. Poste à pourvoir de suite : Gardien d'immeuble. » Comme sur pilotage automatique, il est entré sans savoir ce qui le guidait vers un futur si différent. Et, quand la secrétaire, après vérification, lui a assuré qu'il était tout à fait possible de posséder un animal de compagnie, il s'est entendu postuler.

— Vous êtes bien trop qualifié pour cet emploi, s'est étonnée la jeune femme.

— Et alors ?

— Ben… C'est-à-dire… Ça me paraît dommage, je dis ça pour vous… Vous êtes en recherche d'emploi depuis longtemps ?

— Je n'ai pas encore quitté mon emploi précédent.

— Pardon ?

— Mais si c'est OK pour vous, c'est bon pour moi.

— Vous êtes sûr ? Je ne peux pas me permettre de remplir le dossier si…

— Certain.

Et il était sincère ! Peut-être même, d'ailleurs, n'avait-il jamais été aussi sincère et déterminé qu'en cet instant. Il savait, il sentait que tout cela avait du sens. Il n'en pouvait plus de la pression, des cotations en Bourse, des taux et du reste. Il saturait des collègues, il voulait du lien, des échanges, se coucher le soir en se sentant utile. Il avait eu une pensée pour son golden retriever, Sherlock. Il passerait du temps avec lui et tournerait une page. Alors, peut-être détonnerait-il, avec ses tatouages et ses muscles, son gros chien et sa batterie – oui, la batterie allait sans doute poser problème, il verrait ça en temps et en heure –, mais il était impatient de se glisser dans la peau du gardien d'immeuble. Le 12 de la rue Mansart.

12

2
TANT VA LA PORTE AU MUR, QU'À LA FIN IL FISSURE.

2

GLORIA

Vous me pompez l'air !

Gloria accompagne son rugissement d'un violent claquement de porte. Elle bondit sur son lit et plaque son casque sur ses oreilles. Ainsi, elle n'entendra pas sa mère lui rétorquer de quelconques arguments, forcément nuls et incongrus. Non, elle n'ira pas au marché de Noël organisé par l'école de son petit frère. Bon sang, ce qu'ils la saoulent tous les trois ! À croire qu'ils organisent un roulement pour la faire sortir de ses gonds à tour de rôle. En parlant de gonds… Elle plisse les paupières, examine le mur et frémit : une longue fissure s'étend du montant de la porte au plafond et nul besoin d'être devin pour comprendre qu'elle est en lien direct avec ses fréquents mouvements d'humeur… Bon, avec un peu de chance, Maman ne remarquera pas de suite les dégâts.

Gloria fixe les étoiles phosphorescentes qui parsèment son plafond avant de fermer les yeux pour se concentrer sur l'album de rap qu'elle écoute en boucle depuis quelques jours. Soudain, elle perçoit une présence au-dessus d'elle.

— Ça va pas ?! Tu veux ma mort, Maman ?

Debout, près d'elle, se tient Nadia. Elle a l'air fatiguée plutôt qu'en colère, ce qui est toujours ça de pris. Gloria ôte son casque avec humeur, prête à se lancer dans une tirade sur l'intimité.

— J'ai toqué ! contre-attaque sa mère. Évidemment, tu ne risques pas d'entendre. Le volume est au maximum ?

— Le rap, ça s'écoute comme ça.

— Tu ne l'écouteras pas longtemps, à ce rythme...

— Oui, oui, je sais... Je vais finir sourde en plus d'insupportable..., lance Gloria en levant les yeux au ciel.

Nadia se retient de tomber dans le piège de sa fille car l'audition de celle-ci n'est pas le débat du jour... Elle se fait une place près d'elle et saisit sa main avec douceur.

— Ton petit frère serait si fier d'aller à la fête en compagnie de sa sœur.

— Crois-moi, Hugo s'en contrefiche ! Il a huit ans, et tout ce qu'on veut à huit ans, c'est voir ses copains, manger de la barbe à papa et enchaîner les parties de chamboule-tout ! s'esclaffe Gloria en se redressant.

— Et si ça me faisait plaisir à moi, alors ?

— À toi ?

— Parfaitement. Ça me ferait plaisir que l'on sorte tous les quatre, en famille.

L'adolescente pousse un profond soupir.

— Un ciné ou un *laser game*, OK. Mais j'ai passé l'âge de traîner dans les écoles primaires.

Nadia se mord la lèvre inférieure, à court d'arguments. Elle semble hésiter un instant puis se lance.

— Fais-le pour Nico, s'il te plaît.

Voilà, elle en était sûre ! Tout ce cirque pour Nico, son beau-père, qui est professeur des écoles dans ledit établissement. Insupportable, ce besoin qu'a sa mère de jouer à la parfaite famille recomposée…

— Flemme, siffle Gloria.

— Flemme ?

— Oui, flemme. En plus, Nico s'en moque aussi, j'en suis certaine. Et tu sais pertinemment que je déteste tout ce cirque autour de Noël.

— Gloria…

— Ne me force pas, Mum. J'ai le droit d'avoir mon libre arbitre. La société de consommation, toute cette débauche autour des fêtes de fin d'année, ça me débecte. Vivre ensemble, ça implique de respecter les choix de chacun.

Nadia fixe un moment sa fille de 14 ans, puis se lève, l'air encore plus las que lorsqu'elle a franchi le seuil dans la chambre quelques minutes plus tôt.

— C'est ton dernier mot ?

— C'est mon dernier mot.

— Très bien. Pour t'occuper, Glorinette, tu descendras les cartons de vêtements à la cave pendant qu'on se gavera de guimauves et de chocolats chauds.

— Maman !

— C'est à prendre ou à laisser ! décrète Nadia en s'éclipsant. Tu as tout à fait le droit de faire valoir ton libre arbitre, ma bichette… Mais vivre ensemble implique aussi que chacun mette la main à la pâte.

Les yeux noirs de Gloria lancent des éclairs. Elle ne cédera pas, il y va de son honneur ! Si elle abdique, le capitalisme aura gagné du terrain.

— Va pour les cartons.

– Parfait. Les clés du local sont chez le gardien. Amuse-toi bien ! lance Nadia en disparaissant dans le couloir.

Gloria attrape son oreiller et y pousse un cri de rage. Au moins, sa mère n'a pas vu la fissure, la défaite n'est pas complète.

– J'oubliais, ajoute Nadia en passant la tête par l'entrebâillement et en regardant avec malice la profonde ligne grise qui sillonne le plâtre, désormais je déduis trois euros de ton argent de poche à chaque claquement de porte. En guise de contribution à la réfection de ta chambre, le vivre ensemble et tout ça...

3
VOUS ÉPIIIIEZ ? J'EN SUIS FORT AISE… EH BIEN ! RÂLEZ MAINTENANT !
THÉ ÉTOILE DE NOËL
MR
MRS

3

CYPRIEN

Il est 14 heures tapantes quand Cyprien referme la fenêtre de la cuisine. Elle donne sur la cour et, de là, il ne rate rien des allées et venues des habitants de l'immeuble. Chaque jour, le retraité est fidèle au poste, à des créneaux qui se sont établis naturellement au fil des ans, calés sur les activités de ses voisins. Le matin, le rush a lieu aux alentours de 8 heures, avec les départs des uns pour le travail, et des autres pour l'école. Faible activité sur le temps du midi : les gens ont pris l'habitude de déjeuner sur le pouce et bien souvent hors de chez eux. Et puis nouvelle animation le soir, entre 16 et 19 heures. C'est le moment qu'il préfère, car il y a de la place pour l'imprévu. Les enfants qui ramènent des copains après les cours, les invités qui passent pour l'apéro... Ses voisins se relâchent après la journée passée à l'extérieur.

– Rien de bien terrible aujourd'hui, ma pauvre Mathilda…, annonce-t-il en tirant le rideau derrière lui.

– Quelle déception.

– Je sais bien, mais que veux-tu, la pause déjeuner est souvent insipide.

– Je suis si fatiguée…

– À part la sauvageonne, et le hippie, RAS.

Mathilda lui répond par un soupir. Elle semble s'endormir. L'octogénaire poursuit son rituel. L'eau filtrée dans l'antique bouilloire qu'il place ensuite avec mille précautions et d'une main tremblante sur la gazinière. Les petites flammes bleues qui naissent au moment de la rencontre de l'étincelle avec la matière. Il sort deux mugs blancs du placard, sur lesquels les inscriptions Mr et Mrs s'étalent en lettres noires. C'est Tiffany, leur petite-fille, qui les leur a offerts il y a des années. Ramenés de Londres, s'il vous plaît ! Cyprien les retrouve avec joie chaque jour, il se figure un rendez-vous avec sa petite Anglaise qui ne vient que trop peu les visiter. La faute à son travail qui l'amène à parcourir le globe et la faute à la vie qui est trépidante lorsque l'on a trente ans… Il ne lui en veut pas pour autant. Il est même très heureux qu'elle soit épanouie, et elle les appelle très régulièrement.

Cyprien sort le thé de la boîte. Il ne s'est jamais

mis aux sachets, et leur préfère les formules en vrac qui préservent selon lui les saveurs plus longtemps. Quand il est à court de munitions, il se rend au coin de la rue, chez le torréfacteur qui a aussi une jolie gamme de thés en tous genres. Il évite d'ordinaire les compositions farfelues qu'on lui propose, mais ce mois-ci il s'est laissé convaincre par l'habile vendeur en choisissant « L'Étoile de Noël » : thé noir, orange, vanille, écorces d'orange, cardamome, clous de girofle. Mais c'est vrai que ça sent bon ! Il verse l'eau frémissante dans la théière et imagine les ingrédients infuser. Trois minutes, pas plus. Sinon, l'amertume guette. D'abord, gentleman, il remplit le mug estampillé Mrs. Il s'installe dans son fauteuil et coule un regard attendri à Mathilda qui, cette fois-ci c'est certain, dort profondément. Il porte la boisson à ses lèvres et une chose curieuse se produit. Difficile de dire de l'odorat ou du goût qui prime, mais il se sent transporté des années en arrière. Il fait sauter sa fille, la maman de Tiffany, sur ses genoux. Elle n'a guère plus de trois ans. Mathilda chante en cuisinant et, dans un coin du salon, tout à côté du piano, le sapin les surveille. Une porte claque dans l'appartement du dessous, mais Cyprien garde les yeux fermés. Il ne veut pas se laisser déconcentrer, il se complaît dans ce souvenir. Dans les années les plus heureuses de sa vie. Ce thé aurait-il quelques pouvoirs magiques ? Mathilda se met à danser autour

d'eux, leur fille rit et, dans la cheminée du salon, le feu crépite. Ils avaient la chance de posséder une jolie maison de campagne, située à proximité d'un bois.

Une chanson monte, toute différente de celle de sa rêverie. Un vacarme innommable, oui ! Cyprien souffle fort par ses larges narines. La punkette va lui gâcher le moment, avec sa musique de sauvage. Il persiste encore, essaie de préciser les traits du visage de sa fille. Tiffany lui ressemble tant... Un gros boum a raison de sa bonne volonté. Cette fois ça vient de la colocation de hippies ! Au moment de la retraite, il leur a fallu choisir entre leurs deux logements, il regrette de ne pas avoir opté pour la maison... Maintenant il doit supporter tous ces autres, qui sont à peu près aussi bien élevés qu'une escouade de marcassins ! Il jette l'éponge et entrouvre les paupières. C'est fichu, il boit son thé. Il est vraiment conquis par le mélange et en fera part au vendeur. Dans l'autre tasse, le thé ne fume plus. Cyprien se lève et vide le contenu dans l'évier avant d'entreprendre la vaisselle. Il regrette de s'être montré si fier, à l'époque. Leur fille ne veut plus les voir. Il est reconnaissant à Tiffany de maintenir le lien, elle est tout ce qui lui reste. Des bruits inhabituels montent depuis la cour ; il consulte la comtoise : 14 h 45 ? Étrange... Il file à la fenêtre et tire délicatement le voilage.

— Mais... qu'est-ce que...

Le barbu tatoué qu'on a leur a collé comme gardien

se gondole comme une baleine. Il est en nage et se passe une main sur le front.

— On dirait que…

Une batterie ! Ce clown se fait aider d'un ami pour ramener une batterie dans sa loge ! Tel un mérou hors de l'eau, Cyprien n'en finit plus d'ouvrir et de fermer la bouche. L'heure est grave.

— Mathilda !

— Je suis si fatiguée…

— Mathilda ! Réveille-toi ! Rien ne va plus !

AVANT L'HEURE, C'EST PAS TERRIBLE.
APRÈS L'HEURE, C'EST PAS GÉNIAL NON PLUS.

année de primaire, il a gagné de haute lutte le droit de rentrer seul de l'école, ce qui n'est absolument pas le cas de ses deux petits frères, tous deux scolarisés en maternelle.

— Euh… Je dormais, je n'ai pas vu l'après-midi passer. Quelle heure est-il ?

— Toi ? Tu dormais ? Tu ne bossais pas aujourd'hui ?

— Changement de planning de dernière minute.

Axel hésite entre l'inquiétude et le doute… Sa mère ne s'arrête jamais et est moins encore coutumière des siestes. Mélanie se lève, mais la situation est complexe : il ne faudrait pas que son fils découvre son cadeau. Hors de question que la surprise soit gâchée ! Elle a raté la sortie des petits parce qu'elle a couru les magasins à la recherche de la perle rare, en rupture sur les sites de vente en ligne et dans quasi tous les points de vente… En cette période de l'année, il est clairement plus aisé de dénicher le Saint Graal que la Watch 3.0, vantée par tous les sites de streaming de la planète. Mais si à l'impossible nul n'est tenu, Mélanie n'est pas femme à se laisser abattre et, après une enquête approfondie, des kilomètres de marche et des heures de recherches, elle en a déniché un exemplaire, avec la sensation de remporter le 100 mètres aux Jeux olympiques. Figée, elle observe son aîné de longues secondes. Il le vaut bien, le petit

chou : il travaille dur à l'école et l'aide autant qu'il le peut. Il est à mille lieues d'imaginer recevoir un pareil cadeau, tout à fait hors de portée de son budget. Oui, elle parviendrait à planquer la console jusqu'à Noël pour que la surprise soit totale !

— Tu te sens bien ?

— Très bien ! Apporte-moi ton linge sale ?

Axel dépose son sac à dos sur le sol et, dubitatif, incline un peu plus la tête sur le côté.

— Mon linge sale ?

— Je vais lancer une machine avant de partir.

— Et... les petits ?

— Ils ne sont pas à la rue ! Il y a la garderie..., dédramatise-t-elle alors que la culpabilité torpille son ventre à la pensée de ses poussins, qui doivent se poser mille questions en ne la voyant pas arriver à l'heure habituelle.

— Je sais, mais...

— Ton linge, s'il te plaît, insiste-t-elle.

Axel décide de ne pas questionner sa mère plus avant... Les adultes ont tout de même d'étranges comportements, il en a la preuve chaque jour un peu plus... Il a d'ailleurs vu le vieux ronchon à sa fenêtre une fois de plus. Le vieux ronchon qui mate ses voisins, mais ne répond jamais à son bonjour. Va pour le linge sale... Et pendant qu'il file en direction de la chambre qu'il partage avec ses frères, il ne se doute pas que Mélanie transporte son futur cadeau de Noël jusqu'à la sienne. Elle glisse la grosse boîte sous son lit en même temps qu'un profond soupir : c'est de loin la cachette la plus nulle au monde. La cave sera plus sûre, même si l'humidité qui y règne ne l'enthousiasme guère.

— N'oublie pas les chaussettes dans la salle de bains, lance t-elle pour gagner un peu plus de temps.

La mère de famille sort une housse de couette de son placard pour y cacher la boîte, et le papier cadeau qui n'a plus vraiment fière allure. Elle met ensuite l'ensemble dans un grand sac de courses et quitte sa chambre au moment où Axel paraît.

— Tu vas où ?

— Ben, chercher les petits, quelle question !

Les yeux du garçon glissent jusqu'au cabas.

— C'est quoi ça ?

— J'ai fait du tri, je vais déposer ces trucs dans la benne en passant. D'ailleurs, tu feras aussi le tour de tes tiroirs.

Sans attendre une nouvelle question, Mélanie se précipite

sur le palier. Elle n'a jamais su mentir, y parvenir à trente-cinq ans relève de la douce utopie ! Lorsqu'elle arrive devant la porte qui mène aux caves, elle réalise qu'elle n'a pas emporté la clé de son local et hésite un instant. Elle n'a plus le temps de remonter ou de tergiverser car l'heure tourne et les jumeaux l'attendent.

Elle dépose le sac dans un coin des communs en se promettant de redescendre au plus vite pour le stocker avec le fourbi que contient son mètre carré de cave. Elle s'arrange pour le placer à l'abri des regards, sans percevoir que plus loin, dans l'obscurité, quelqu'un observe son manège.

5
LE BONHEUR LE PLUS FOU EST CELUI QU'ON PARTAGE.
STOP PUB
BORN TO BE A STAR

5

JULIETTE ET ROMÉO

Roméo ne sait plus quoi faire de sa personne. Dans le hall qui précède la petite cour, il reste statufié devant les boîtes aux lettres. Il tourne et retourne l'enveloppe entre ses mains, sans parvenir à trancher. Les dernières fois, les refus ont été si violents à vivre… Il revoit sa Juliette en pleurs… À chaque avis négatif, elle a perdu quelques kilos. L'image de son amoureuse s'imprime dans son esprit. La Juliette si positive et pleine d'entrain lui paraît bien loin. De ses pouces, il tapote le papier épais et décide de mettre un terme au suspense : à cette heure de la journée, Juliette est déjà rentrée, il va donc prendre connaissance du verdict et aviser ensuite. Si c'est un nouveau refus, il le gardera pour lui. Il aura certainement du mal à faire comme si de rien n'était, mais tant pis, il se débrouillera. Il veut préserver son amoureuse qui risque de sombrer un

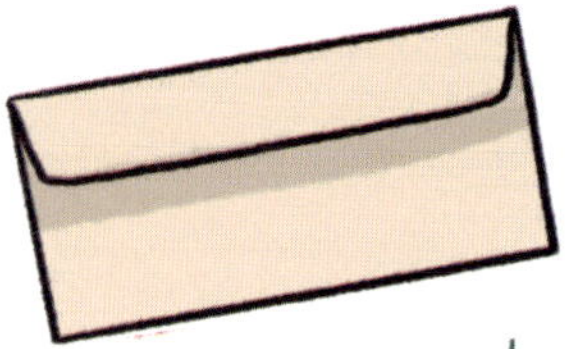

peu plus profondément dans des abîmes de tristesse si la roue ne se décide pas à tourner.

— À trois, j'y vais, annonce-t-il tout bas, comme pour se convaincre un peu plus qu'il prend la meilleure décision qui soit.

Un, pourvu que cette fois soit la bonne.

Deux, bordel, j'espère que la chance est de la partie !

Trois, *go* !

Roméo arrache l'enveloppe sans ménagement et extirpe avec difficulté son contenu qui coince aux entournures. Il déplie le papier en tremblant de peur.

Le président du conseil général certifie avoir fait procéder à l'instruction de la demande d'agrément en vue d'adoption d'un enfant, formulée par : Monsieur Roméo PANTOUX et Madame Juliette ALBRECHT épouse PANTOUX

Conformément à l'article 4 du décret n° 98-771 du 1er septembre 1998, les investigations à caractère social et psychologique permettant d'apprécier les conditions d'accueil que les intéressés peuvent assurer à un enfant adopté sur les plans familial, éducatif et psychologique ont été effectuées. Après avis de la commission d'agrément prévue à l'article 5, l'agrément en vue d'adoption vous est délivré pour cinq ans à dater du 21 novembre […] pour un enfant pupille de l'État ou enfant étranger.

Roméo s'applique à relire trois fois le verdict. Il craint de mal comprendre, de rêver ou encore de fantasmer. Il tangue et doit même s'appuyer aux boîtes aux lettres. Punaise ! La tête lui tourne, il ne manquerait plus qu'il tombe dans les pommes !

— Bonjour ! On ne s'est pas encore croisés. Je suis Bastien, le nouveau gardien.

Roméo regarde le grand brun qui s'avance vers lui. Il porte un tee-shirt, où l'inscription *Born to be a star* s'étale en grand, alors qu'il fait un froid de canard. Ses avant-bras, dévorés de tatouages imposants et épais, le laissent songeur.

— Je tombe mal ?

Roméo est incapable d'articuler le moindre mot. Ce type tombe super mal. Ou alors super bien ? Il ne sait plus. Il a envie de lui dire de dégager, de le laisser savourer l'instant, et tout à la fois il se retient de l'embrasser tant il est heureux. Il aperçoit son reflet dans la vitrine du panneau d'affichage, dans lequel une feuille format A3 stipule qu'il est interdit de déposer des encombrants dans la cour, et il a soudain envie de rire : il arbore un sourire de ravi de la crèche, doublé d'un air béat, quasi débile.

— Désolé, j'étais perdu dans mes pensées, répond enfin Roméo. Je viens de recevoir un courrier et...

Sa bonne éducation reprend le dessus et il tend une main à Bastien.

— Bienvenue à vous. Roméo Pantoux, mais appelez moi Roméo.

Bastien lui serre en retour la main avec chaleur. Roméo décèle instantanément dans l'attitude de ce grand gaillard, qui n'a rien à envier aux piliers de rugby du quinze de France, une infinie gentillesse. Il sent alors la digue se rompre : toute sa pudeur fuite hors de l'immeuble et il éprouve une irrépressible envie de danser et de crier au monde entier comme il est heureux d'avoir enfin obtenu ce fichu agrément. Ce qu'il a hâte de gravir les étages pour apprendre la bonne nouvelle à sa Juliette ! Dans les faits, il secoue depuis près d'une minute et sans interruption la grosse main de Bastien, qui commence définitivement à trouver le locataire du 2A un peu étrange.

— Eh bien, merci pour votre accueil, Roméo, bredouille Bastien.

Mais sans qu'il ait vu venir quoi que ce soit, le jeune homme prend le gardien dans les bras en riant et l'étreint avec force. Puis, sans plus expliquer son geste, il part en sautillant vers la cage d'escalier, laissant même sa boîte aux lettres grande ouverte.

— Une bonne soirée à vous, cher Bastien ! Une excellente soirée !

Et pendant que Bastien, un peu perplexe, regagne sa loge, il capte le regard du vieux monsieur, toujours fidèle à son poste d'observation. Il lui adresse un signe de la main, mais ne reçoit qu'un sec mouvement de rideau en retour.

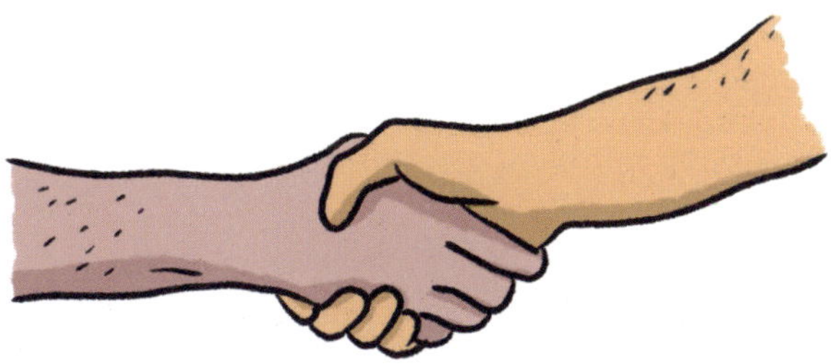

6

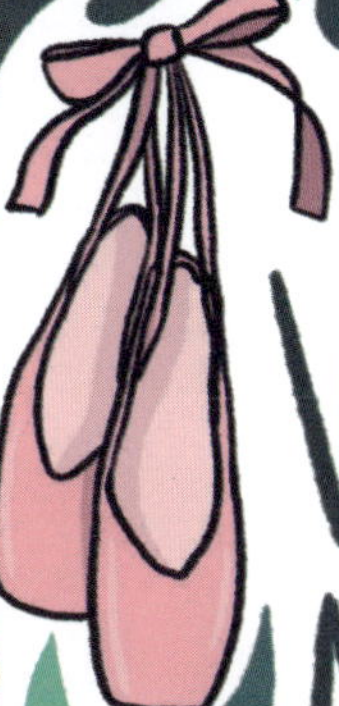

UNE VIEILLE BIQUE AVEC UN BOUQUET DE FLEURS EST TOUJOURS UNE VIEILLE BIQUE.

6

ANASTASIA

Elle contient ses larmes depuis qu'elle est sortie de l'audition. Garder la tête haute, ne rien laisser paraître. Pleurer devant les gens, c'est faire preuve de faiblesse, et dans son milieu ce n'est pas envisageable.

Qui aurait envie d'embaucher une danseuse aux nerfs fragiles ? Personne, c'est bien pour ces raisons qu'elle essuie refus sur refus. Ça n'a pas toujours été le cas, elle a même connu une période où elle déclinait les propositions. Et puis, un jour, elle a perdu toute confiance en elle, quand son fiancé l'a quittée pour sa meilleure amie.

Anastasia compose le code, attend le petit clic qui annonce le déverrouillage de la porte et pousse le lourd venteau de bois. Elle a hâte de monter les escaliers – l'ascenseur ne dessert pas les combles de l'immeuble –, de se glisser sous une douche bien chaude, puis de se terrer sous sa couette. Machin, son vieux chat, viendra se caler sur ses jambes et elle prendra un livre pour se couper de ce monde devenu trop violent pour elle. Elle avance dans le hall en repensant aux mots de la femme qui effectuait le casting pour cette comédie musicale.

— Trop fade. Personnalité effacée.

Vieille bique aigrie... Vieille bique aigrie, mais vieille bique décisionnaire, avec le pouvoir de changer des trajectoires de vie. La sienne poursuivrait son chemin, fait d'espérances déçues.

Anastasia relève son courrier. Une lettre de relance pour un abonnement, et puis une carte postale. Il s'agit d'une vue de New York. Un étau enserre immédiatement son cœur. Elle n'a pas besoin de lire le texte inscrit au verso pour savoir qui lui envoie ses pensées depuis l'autre côté de l'Atlantique.

— Capucine...

Capucine a tout fait à l'envers. Elle était empotée à l'école, bien moins douée en danse, mais son énergie et son optimisme ont eu raison de tous les obstacles. Elle est désormais meneuse de revues aux États-Unis et ne manque jamais d'adresser un clin à son amie. Anastasia s'en veut, elle ressent de plus en plus souvent une émotion qui pourrait s'apparenter à de la jalousie.

— Pauvre cruche, s'admoneste-t-elle à voix basse, tu te rêvais danseuse étoile…

La porte cochère s'ouvre brusquement et des enfants envahissent la cour. Aucun ne la calcule, elle serait transparente qu'ils auraient la même attitude. La vieille bique a raison, elle est insignifiante, et, quand on est insignifiante, on a des rêves à sa mesure.

Elle laisse le petit troupeau disparaître dans la cage d'escalier et enfouit son courrier dans son *tote bag*. Elle rumine tant qu'elle manque de buter sur un gros chien.

— Qu'est-ce que tu fiches ici, toi ?

S'il y a bien une chose qui la réconcilie avec la vie, c'est le contact avec les animaux. Aussi arrondit-elle ses fins de mois en s'employant à promener ceux des autres. Ce spécimen-là est un golden retriever et il porte un bandana en guise de collier.

— Viens là, mon gros.

Bientôt Anastasia est accroupie et flatte le poitrail de l'animal qui paraît aux anges.

— Je vois que vous avez fait connaissance avec Sherlock, lance une voix derrière elle.

Elle se redresse vivement et découvre le nouveau gardien.

— Bonjour, Monsieur Bastien.

— Bonjour, Mademoiselle Anastasia. Vous n'avez pas peur des chiens ?

— Je les adore. Je fais pas mal de pet sitting, ajoute-t-elle en mesurant à quel point cette activité d'appoint va devoir prendre de l'ampleur si elle veut continuer à honorer son loyer.

— Parfait ! J'angoissais un peu à l'idée que la présence d'un chien déplaise aux locataires.

— Les gens qui n'aiment pas les animaux sont généralement mauvais, décrète Anastasia en se remémorant son ex-petit ami qui chassait constamment Machin.

Bastien considère la jeune femme avec attention.

— Vous avez passé une bonne journée ?

Elle hausse les épaules en continuant de fixer Sherlock, désormais allongé à ses pieds.

— Je ne vous ai pas encore fait part de mon initiative ? reprend-il pour ne pas laisser le silence s'installer.

Anastasia retient un soupir. La seule chose dont elle a envie, c'est de dormir, pas d'entendre le gardien lui faire part de ses projets.

— Je me suis dit que ça pourrait être sympa de faire un pot, pour Noël et ma prise de fonctions.

— Super idée, répond Anastasia alors qu'elle se retient de poser son index et son majeur contre sa tempe pour montrer à Bastien à quel point la perspective l'enchante.

Sur ce, elle prend congé avec un petit sourire désolé.

— Mais j'y pense, s'exclame Bastien.

La paix, elle veut juste qu'on la laisse en paix !

— Oui ? lâche-t-elle en se retournant mollement.

— J'ai déjà un bon petit réseau dans le quartier. Je pourrais peut-être vous trouver quelques clients à quatre pattes ?

Anastasia se sent soudain très lasse. Elle passe ses journées à lutter, à se cogner à la dureté de ses semblables, et voilà que le gardien lui propose spontanément un coup de main ? Les larmes se pressent derrière ses paupières. Elle est en train de s'assécher, de devenir comme ceux qu'elle abhorre. Alors, elle revient sur ses pas et presse la main de Bastien avec chaleur.

— C'est extrêmement gentil.

7
BRAVO!!
VOUS AVEZ GAGNÉ
PROCRASTINE AUJOURD'HUI CE SERA TOUJOURS ÇA DE FAIT.

7

BORIS

Au départ, le concept avait enchanté Boris. Pendant deux mois, l'appartement pour lui tout seul, pendant que ses deux colocataires effectuaient leurs stages à l'étranger : sur le papier, l'idée était agréable ! Dans les faits, il commençait à s'ennuyer ferme… Les deux premières semaines, il n'avait rien rangé (Mathilde aurait enragé), il n'avait pas fait la vaisselle (Mathilde aurait pété un plomb), invité des copains de fac que Seb n'appréciait pas trop, mis la musique fort et laissé la porte des WC ouverte…

Il a toujours vécu très entouré. Ses parents, ses frères, les cousins à l'autre bout du village, les copains du foot sans cesse dans les parages. À Paris, il a évidemment opté pour une collocation et s'entend à merveille avec Mathilde et Seb. Sauf que, cette fois, et pour la première fois, il se sent extrêmement seul. L'absence de ses colocs tombe d'autant plus mal qu'il se trouve en pleine rédaction de son mémoire. Pas le moindre cours pour rythmer des journées qui n'en finissent pas : s'il le voulait, et c'est à peu près ce qui se passe, il pourrait rester toute la journée au lit et n'en sortir que pour les courses. Bon sang… Il va finir comme le « hibou », le vieux ronchon qui guette tout le monde par sa fenêtre, à ceci près que, leur appartement se situant dans les combles, il lui faudrait se tordre le cou pour entrapercevoir qui que ce soit.

La seule qu'il peut épier à loisir, c'est JVT. Elle habite également au dernier étage. Ils se dépannent de temps à autre : un litre de lait, deux œufs, un peu de beurre. Pour être tout à fait honnête, les trois colocataires la taxent plus souvent qu'à leur tour… Boris réalise soudain et avec honte qu'ils ne lui ont jamais rendu la pareille. Boris l'a surnommée JVT avant de connaître son prénom – très beau d'ailleurs : Anastasia. JVT pour Jolie Voisine Triste, parce que vraiment elle a l'air constamment mélancolique. Bien entendu ça ajoute à son charme, ce côté romantique, mais dans le fond ça l'embête, Boris, cette tête tristounette. Il aimerait la voir sourire, mais ça arrive rarement.

Il se réveille vers 17 heures après une sieste de quatre heures. Ses journées n'ont plus le moindre sens. Scotché devant la console de Seb, il enchaîne les nuits blanches à combattre des zombies avec des flingues de compétition.

N'importe quoi... Et ce fichu mémoire qui n'avance pas. Dans le désert de sa vie sociale, il envisage avec joie les fêtes de Noël. Programme au top : se faire dorloter chez Papa-Maman à Toulouse, les chocolats au coin du feu, les parties de jeux de société avec les frangins, sans oublier la petite dinde aux marrons qui va bien... Oui, il doit voir cette échéance comme un but, et s'atteler à ce mémoire une bonne fois pour toutes. Il va régler son compte à la « dualité onde-corpuscule », grand principe de la physique quantique qui depuis quelque temps ne le passionne plus, mais alors plus du tout.

Tandis qu'il empile des rouleaux de papier toilette vides pour former une pyramide – oui, il est vraiment à court d'occupation –, son téléphone vibre sur le bureau encombré.

— Hey ! Salut, Maman !

— Comment ça va, mon cœur ? Ça avance cette thèse ?

— Un mémoire, Maman. C'est un mémoire.

— Oui, oh ! Tu vois ce que je veux dire ! Est-ce que tu manges bien ?

— Je mange, mais, pour tout dire, j'ai hâte de passer Noël avec vous et de me gaver de tes bons petits plats !

— ...

— Maman ?

— Boris, j'ai, à ce propos, un petit truc à te dire…

— Tu m'inquiètes !

— Rien de grave ! Enfin, pas trop.

— M'man ! qu'est-ce qui se passe ?!

— Tu te souviens, la nouvelle voiture…

— Oui ?

— Chez le concessionnaire, il y avait un concours. Tu sais comme d'ordinaire nous ne sommes pas chanceux, mais il faut croire que tout arrive.

— Et ?

— Eh bien, on a gagné une croisière. Quinze jours, paquebot de luxe 5 étoiles, première classe. Les îles Grenadines !

— Mais c'est top ça, Maman ! Qu'est-ce qui cloche alors ?

— On part le 20 décembre, mon Boris… Tes frères iront dans les familles de leurs copines cette année, alors on s'est dit…

Boris reste coi. Noël ? Tout seul ? Sans jeux de société, bêtisiers à la télévision et veillées au coin du feu ? Il ne survivra pas. Il doit faire culpabiliser ses parents, sans doute hésitent-ils encore ?

— Comme tu dois travailler, en plus... Enfin voilà. On ne sera pas là ce Noël.

— ...

— Boris ?

Boris regarde successivement sa pyramide de rouleaux de papier toilette et son bureau.

Ses parents ne voyagent jamais, ce concours est une chance. Sans cette occasion, ils ne s'autoriseront jamais un tel séjour. Et puis ce mémoire ne va pas s'écrire seul. Il donne un petit coup dans l'édifice de cartons qui s'écroule lamentablement à ses pieds, et pousse un léger soupir.

— Ça va être dément, Maman. Ne vous inquiétez pas pour moi, je vais pouvoir bosser à fond.

8

Il n'y a pas de rose sans épine.

8

Pierre, Lola, Tiago

Le taxi s'arrête devant le 12 de la rue Mansart. Il y a eu un couac avec le bateau : les caisses sont bloquées quelque part en mer, aussi n'ont-ils pour le moment que leurs valises et leurs bagages à main. Pierre observe sa femme et son fils : leurs traits sont tirés et ils ne font pas vraiment d'efforts pour faire bonne figure. Pourtant, leur arrivée en métropole était prévue de longue date, et tous trois savaient que le poste de Pierre les conduirait à Paris pour un minimum de deux ans.

Le chauffeur de taxi patiente, un peu étonné par le manque d'entrain que met la petite famille à sortir du véhicule.

— Voilà, répète-t-il. C'est ici.

Depuis l'aéroport ils ont échangé trois mots, chacun d'eux restant reclus dans ses pensées intimes.

— On y va ! lance Pierre avec une joie un peu forcée.

Bastien se tient sur le trottoir. Il a été prévenu de l'arrivée de ce couple et de leur fils, en provenance de La Réunion. L'appartement qu'ils vont occuper appartient à une entreprise qui le met à disposition de ses employés. Il observe le père de famille, un grand type tout sec, au teint buriné. Les yeux noirs de Lola, sa femme, trahissent son manque d'enthousiasme à l'idée de pénétrer dans l'immeuble. Quant à leur fils, Tiago, il ne lâche pas son téléphone ; s'il ne lève pas un peu le nez, il va buter sur le trottoir. Ils sont en tongs, portent des vêtements colorés et jurent considérablement avec la grisaille parisienne. Bastien se présente et aide Pierre et le chauffeur du VTC à extraire les bagages du coffre du taxi.

— C'est très sympa, merci, lance Pierre en poussant devant lui deux valises à roulettes, malmenées par les pavés du hall.

— Et le reste ? s'enquiert Bastien.

— Une vraie galère, le cargo est bloqué. Si on réceptionne les caisses en janvier, ce sera bien… Une chance que l'appartement soit meublé.

Lola rabat la capuche de son sweat sur sa tête, et dans la cour regarde la couleur du ciel.

— On va devoir racheter quelques vêtements, il fait plus froid que je ne l'imaginais. Pas vrai, Tiago ?

L'adolescent lève enfin les yeux sur les adultes. Il a l'air triste plutôt qu'en colère, se dit Bastien. Il imagine sans peine comme il doit être difficile à son âge de quitter ses amis et les plages de son île, de tout recommencer dans une ville qu'il ne connaît pas.

— J'ai pris mes fonctions il y a quelques jours dans l'immeuble, annonce Bastien. Mais n'hésitez surtout pas ! Si vous avez besoin d'une chose ou d'une autre, venez me voir !

Lola sourit, et c'est le soleil. Pour la première fois, elle semble se détendre. Elle prend la main de son mari qui l'attire aussitôt contre lui.

— Ça va le faire, assure-t-il, aussi bien à l'intention de sa femme que de son fils.

Tiago hausse les épaules, puis se baisse pour caresser Sherlock qui sort de la loge de son maître.

— Lui n'a pas besoin de manteau, plaisante Lola.

La porte de la cage d'escalier claque et tous quatre se retournent. Gloria apparaît, l'air pas commode. Elle tient un sac à la main, et marmonne dans sa barbe.

— Ça va, Gloria ? s'enquiert Bastien en remarquant que ses cheveux sont désormais d'un rose presque fluo.

— Je suis de corvée de courses. Ma mère crise, elle ne supporte pas mon nouveau look, lance-t-elle en s'arrêtant pour flatter le chien à son tour.

— Ah ça... Les goûts et les couleurs, répond Bastien.

— Je trouve ça très joli, intervient Lola.

Gloria délaisse le chien et avise les nouveaux venus, comme si elle s'apercevait seulement de leur présence.

— Je te présente... reprend le gardien.

Les parents lui sourient :

— Moi c'est Pierre, et voici Lola.

Tous se tournent vers Tiago, resté silencieux. Il ouvre des yeux ronds comme des soucoupes et fixe Gloria intensément. Elle lui rappelle furieusement l'une des héroïnes de son manga préféré, elle est... incroyable.

— Tiago ? s'inquiète sa mère.

— Oui ? répond-il machinalement sans lâcher Gloria des yeux.

Gloria rougit avant de reprendre la direction de la supérette.

— J'y vais avant de me faire engueuler... Salut !

Et tandis que Gloria disparaît, Tiago ne la lâche pas des yeux.

— Je vous montre l'appartement ? propose Bastien.

L'adolescent reste un moment à fixer la porte de l'immeuble. Il se pourrait que la vie à Paris ne soit pas si pourrie.

9
INVITATION
OSE!
TU N'ES PAS
À L'ABRI
DE RÉUSSIR.

9

BASTIEN

Suivi de près par Sherlock, Bastien traîne derrière lui le plus grand sapin qu'il ait réussi à trouver. Il peine à manœuvrer dans le hall, quand Boris, l'étudiant de la collocation, se précipite à son secours.

— Il est énorme, s'extasie le jeune homme.

— J'ai arpenté tout le quartier, mais je ne suis pas peu fier : un Nordman, 3 mètres ! se rengorge Bastien en redressant le monstre.

— Vous voulez le mettre où ?

Le gardien retire son bonnet pour se frotter la tête.

— Hummm, vous le placez où, habituellement ?

— Habituellement ? Je vis là depuis trois ans et je n'ai jamais vu de sapin !

— Sérieux ?

— Je vous jure !

Ensemble ils arpentent le hall et la cour à la recherche du meilleur spot.

— Le gardien d'avant faisait constamment la gueule et, clairement, le minimum syndical. Je n'ai pas remarqué la moindre plante et encore moins de décos de Noël.

Bastien observe le jeune homme. Il n'a visiblement pas croisé un peigne depuis plusieurs jours, et a encore les marques de ses draps sur la joue. Il se demande si ses colocataires, partis à l'étranger pour quelque temps, sont du même acabit.

— Dans la cour, ça pourrait être sympa s'il reneige…, propose l'étudiant.

— Va pour la cour !

Ils fichent le sapin sur son socle et le transportent un peu plus loin.

— Mais à la fois, s'il neige, les décos vont faire la gueule, réalise Bastien.

— Ah ouais… Mauvaise idée la cour.

Une nouvelle fois, ils déplacent avec effort le roi des forêts pour le placer à la limite entre cour et hall d'entrée.

— Bon, on va dire que c'est parfait.

— Nickel !

— Merci beaucoup pour ton aide, Boris.

— Oh ! pas de quoi. À vrai dire, vous êtes la première personne à qui je parle depuis trois jours. J'avais peur de ne plus savoir articuler, précise l'étudiant.

Bastien ne sait pas si Boris blague ou non. Il se rappelle qu'il a pris ce poste pour créer des liens, son idée de pot de Noël est donc fort à propos.

— Je pensais organiser un petit apéro juste avant les fêtes. Ça te dit ?

— Grave. Faut ramener quoi ?

— Je ne sais pas encore, je vais y réfléchir.

— OK.

— Et puis, je me disais... Ça pourrait être sympa si tout le monde s'y mettait, reprend le gardien en désignant le sapin d'un petit signe de tête.

— Comment ça ?

— La déco. Si tout le monde ramenait, je ne sais pas... une boule, une guirlande...

— Des étoiles ! s'exclame une petite voix qui les fait tous deux se retourner.

Anastasia se tient non loin. Ses yeux pétillent à la vue de l'arbre.

— Si tout le monde apporte une étoile, ce sera plus harmonieux, appuie-t-elle d'un ton qui ne souffre pas la contradiction.

— Pas facile les étoiles, fait remarquer Bastien en remontant son bonnet.

— Mais si ! C'est plus sympa d'avoir un thème !

Boris paraît convaincu par les arguments de sa voisine. Le gardien se retient de sourire : il est à peu près sûr qu'il se montrerait d'accord avec toutes les propositions que celle-ci pourrait soumettre...

— Excellente idée, Mademoiselle Anastasia ! Je vais mettre un mot dans les boîtes aux lettres.

— Ça risque de ne pas emballer tout le monde, si vous voyez ce que je veux dire, ajoute la danseuse en désignant discrètement la fenêtre du vieux ronchon.

— Tant pis ! rit Bastien.

— Ouais, tant pis ! surenchérit Boris, déterminé à contenter Anastasia.

— Je sais que ce n'était pas l'usage ici, justifie Bastien, mais un peu de chaleur humaine n'a jamais fait de mal à personne.

— Exactement ! s'enthousiasme la jeune femme.

Le nouveau gardien est heureux de la tournure que prennent les choses. Ses locataires seraient surpris d'apprendre qu'auparavant il ne prenait pas le temps de savourer les fêtes de fin d'année et que ce sapin est le premier qu'il achète. Il est franchement heureux de la façon dont Boris et Anastasia ont accueilli ses idées. Alors qu'ils s'éloignent, Tiago émerge de la cage d'escalier avec un sac-poubelle.

L'adolescent reste cloué sur place.

— Un problème ? s'inquiète Bastien.

— Non, enfin, c'est bizarre : c'est le premier vrai sapin que je vois.

AU ROYAUME DES MALADROITS, LES GAFFEURS SONT ROIS.

10

MÉLANIE

Mélanie tambourine à la porte de la loge. N'obtenant pas de réponse, elle se contorsionne pour épier l'intérieur de l'appartement, juste à l'endroit où le rideau est mal tiré.

— Vous me cherchiez ? s'enquiert Bastien en émergeant de la cage d'escalier.

La jeune maman sursaute. Ses traits sont crispés, elle n'a pas l'air au meilleur de sa forme. Elle lui adresse un vague sourire en épiant les alentours.

— Euh... oui, bonjour, Monsieur. Il faut que je vous parle.

— Appelez-moi donc Bastien !

L'enthousiasme dont il fait preuve la coupe dans son élan. Elle se dit qu'il n'a vraiment pas le profil de l'emploi et se reproche de ne pas avoir pris le temps de faire sa connaissance. Tout juste lui a-t-elle adressé un bonjour poli la fois où il s'est présenté.

— OK... Bastien. Faut qu'on parle, reprend-elle, toujours sur le qui-vive.

Le gardien déverrouille sa porte et, d'un geste de la main, l'invite à le devancer.

— Un café ?

Mélanie hésite. Elle n'a auparavant jamais franchi le seuil de la loge. Mais après tout, ça ne lui fera pas de mal, et surtout elle n'a aucune envie que quelqu'un surprenne ce qu'elle s'apprête à dire.

— Avec plaisir, répond-elle d'une voix fatiguée.

L'appartement est exigu, mais lumineux. Elle aperçoit la cuisine, minuscule, et trouve accueillant le séjour tout encombré de livres et d'une batterie électronique. Plus loin, elle devine la partie nuit. Un gros chien somnole devant le sofa et c'est à peine s'il ouvre un œil en les voyant arriver.

— Du sucre ?

— Pardon ?

— Du sucre ? Dans votre café.

— Non, merci.

Elle attend que Bastien ait fermé la porte derrière eux pour s'asseoir sur l'une des chaises qui jouxtent le plan de travail de la cuisine. Quand le jeune homme dépose devant eux deux tasses fumantes, elle sent la tension qui l'agite s'apaiser.

— Je vous écoute, l'encourage Bastien d'un ton chaleureux.

Elle l'observe, scrute son visage sympathique et ne sait plus vraiment si elle doit se lancer.

— C'est très grave, finit-elle par dire. Je me suis fait voler un sac dans la cave.

— Voler ?

— Exactement, s'anime Mélanie. Je voulais ranger le cadeau de mon fils dans mon local, mais je suis descendue sans mes clés… Bref, mon sac est resté grosso modo une heure sans surveillance dans un recoin des communs et il ne s'y trouve plus !

Bastien, qui s'apprêtait à boire son café, repose sa tasse sans y avoir touché.

— Il doit s'agir d'un quiproquo !

— Un voleur, je vous dis ! Il y en a pour plusieurs centaines d'euros ! J'ai galéré pour trouver le cadeau de ses rêves et voilà qu'il disparaît !

Bastien retire son bonnet et le pose avec mille précautions au bout du plan de travail.

— Gardons notre calme, Mélanie. Vous permettez que je vous appelle Mélanie ?

L'intéressée hoche la tête. Tant qu'il trouve une solution, il peut l'appeler Gertrude ou Jean-Michel si le cœur lui en dit !

— Je suis certain qu'on va retrouver votre sac, promet Bastien en sentant une vague de panique monter en lui.

Il a besoin de tout sauf d'une histoire de vol ! Le syndic lui demandera de rendre des comptes à la fin de son mois d'essai et il n'a jamais imaginé un souci de cet ordre...

— Il y a quoi dans ce sac ?

— Une Watch 3.0, cachée dans une housse de couette.

— La dernière génération ?

— Oui, souffle Mélanie, soulagée que son interlocuteur comprenne la valeur de la perte.

— Vous l'avez trouvée où ?

— Dans le 13e, j'ai tourné une journée entière. Sans compter que j'ai enquêté avant sur le Net...

Bastien hoche la tête. Lui-même joue aux jeux vidéo et Mélanie n'a pas besoin de lui expliquer comme il a dû être difficile de dénicher en cette période la console en rupture dans tous les points de vente.

— Pardon, mais... quelle idée aussi...

Mélanie en reste bouche bée. Il ne manquerait plus que le gardien se décide à lui faire la morale !

— Vous êtes marrant ! s'emporte-t-elle, à la fois piquée et honteuse. Je crois que vous n'imaginez pas une seconde le rythme de mes journées ! J'avais oublié les petits à l'école et je devais cacher correctement le cadeau d'Alexis et...

— Ah bah, c'est sûr que maintenant...

Mélanie a les pommettes rouge vif.

— Oui ?

— Non, rien.

— Maintenant quoi ? insiste-t-elle, écarlate.

— Ben, pour être cachée, maintenant il est bien caché...

Mélanie fixe Bastien avec intensité tandis qu'il se décompose, confus. Puis la mère de famille se prend la tête à deux mains.

— Je suis très maladroit, pardon, panique Bastien en torturant sa petite cuillère.

Mais soudain, Mélanie se redresse et part dans un énorme fou rire.

— Ça va ?

— Oui, ça va, reprend-elle. J'ai rarement vu quelqu'un avec si peu de tact, explique-t-elle en riant encore. Et votre tête là, je suis presque gênée pour vous !

Bastien respire, il avait peur d'une crise de larmes et, à choisir, il aime autant que la locataire se paye sa tête. Il se lève d'un bond et saisit le gros trousseau de clés accroché à côté de la porte.

— Bon, on y va ?

— Où ça ? s'enquiert Mélanie.

— Mener l'enquête, pardi !

11
SAUF
ERREUR,
JE NE MÉ
TROMPÉ
JAMAIS.

11

JULIETTE ET ROMÉO

Depuis qu'il a caché l'agrément d'adoption, Roméo ne tient plus en place. Il a imaginé mille scénarios parce que, oui, il tient à tout prix à mettre les formes dans l'annonce qu'il en fera à Juliette. Il souhaite qu'elle apprenne la nouvelle de la plus jolie façon : dîner aux chandelles ? Week-end en amoureux ? Entre les deux, son cœur balance encore.

Cela fait trois jours qu'il tergiverse, mais ce n'est pas uniquement parce qu'il hésite sur la façon de faire. À dire vrai, quelque chose cloche et il ne sait pas comment l'expliquer, mais une étrange atmosphère a récemment envahi leur douillet appartement et cette sensation l'effraie. C'est terrible, mais il a même la fâcheuse impression que Juliette l'évite de plus en plus. Il est lucide, Roméo : l'attente sans fin d'un heureux événement et les refus successifs d'agrément ont malmené leur belle relation. Pourtant, il veut croire que leur

couple est solide, et à titre personnel, il se sent épris de sa fiancée comme au premier jour.

Lorsqu'il rentre du travail, il a une nouvelle idée en tête et elle lui paraît plus originale que les précédentes. Une idée de chasse au trésor, pour être précis. Dans tout le quartier, aux endroits qui symbolisent leur histoire, avec à la clé une carte sur laquelle il inscrirait quelque chose comme : « Bientôt nous serons trois », ou un texte du même acabit.

Perdu dans ses pensées et dans la manière de manigancer au mieux le jeu de piste, il est particulièrement silencieux lorsqu'il passe la porte et comprend alors que Juliette ne l'a pas entendu rentrer. Elle se tient debout, devant la table du séjour, et pianote activement sur son téléphone. Elle écrit à toute vitesse, et son corps est tout entier tendu dans cette action. Qu'elle est belle. Un rayon de soleil d'hiver s'éteint sur sa nuque en cette fin d'après-midi. Un instant il est tenté de lui faire une blague, de progresser sur la pointe des pieds pour la surprendre en lui fichant un baiser dans le cou avant de l'enlacer. La sonnerie qui anime le téléphone stoppe net ses projets potaches et, alors qu'il s'apprête à poser sa sacoche de travail sur le sol, il retient son geste et l'observe décrocher nerveusement.

– Je t'ai dit de ne pas m'appeler ! Et encore moins à cette heure !

Roméo a la sensation que la température de la pièce a perdu une dizaine de degrés.

– Je te fais signe demain. Je ne vais pas être seule longtemps, ajoute Juliette en jouant avec une mèche de ses longs cheveux.

Bloqué dans l'entrée, le jeune homme ne sait que faire de sa personne tandis que son cœur bat à tout rompre. Une bouffée de tristesse l'envahit pendant que son cerveau rassemble à la hâte toutes les pièces du funeste puzzle de ces derniers jours. L'air distant de Juliette, cette manie récente de ne pas lâcher son téléphone et de se montrer moins concernée et attentive lorsqu'ils discutent.
La mort dans l'âme, il recule et décide de jouer la comédie. Il regagne la porte, l'ouvre et la fait distinctement claquer, ce qui ne manquera pas d'agacer le vieux ronchon.

– Hello ! lance-t-il d'une voix qui se veut enjouée.

Juliette paraît, une pile de linge dans les bras. Son téléphone est désormais posé sur la commode, loin, bien trop loin, pour être un inoffensif objet. Elle sourit, mais un petit rien ne colle pas. Un petit rien qui fait dire à Roméo que Juliette n'a pas l'esprit tranquille. Comme tous les soirs, il l'embrasse, encadre son doux visage de ses deux mains, se perd une poignée de secondes dans l'azur de ses yeux, ses iris qui brillent pareils à de minuscules étoiles, et relève les mèches de sa frange. Comme tous les soirs, mais le cœur serré.

12
LA MUSIQUE ADOUCIT LES CŒURS.
INVITATION

Gloria soupire.

— Enfin quelqu'un qui comprend. Ma mère ne supporte pas de me voir avec les écouteurs dans l'appart, précise l'adolescente.

Bastien se met à rire.

— J'ai connu ça ! À ceci près que mes écouteurs avaient une autre forme. Autre époque, mêmes mœurs ! Alors tu veux bien ?

Gloria comprend qu'elle a manqué le début de leur échange. Bastien agite sous son nez une petite enveloppe.

— Tu veux bien monter ça à tes parents ?

— À ma mère et mon beau-père, répond machinalement Gloria d'un ton plus sec qu'elle ne l'aurait voulu. Pas de problème.

Elle saisit le petit rectangle orné d'une étoile et le fiche dans la poche revolver de son pantalon, au grand dam de Bastien qui comprend que l'invitation qu'il a pris soin de confectionner va arriver en piteux état à destination.

Ils restent à se regarder en chiens de faïence quelques secondes avant que Gloria ne se remette en route. Elle se dit que ce gardien n'a rien de commun avec le type odieux et malaimable qui officiait avant et qui trouvait toujours une bonne raison de râler sur les enfants. Bon, ce n'est pas tout ça, mais elle a un goûter à prendre.

— Tu écoutes quoi ? s'enquiert Bastien.

— Pardon ? répond Gloria en ôtant à nouveau les écouteurs qu'elle vient tout juste de repositionner.

— Ce morceau. J'ai l'impression de connaître ? Led Zeppelin ?

— Ouais, confirme-t-elle. J'écoute aussi du rap, et tout un tas de choses, mais j'aime aussi ces vieux trucs.

Bastien sourit. Elle le prend pour un dinosaure.

— C'était déjà des vieux trucs quand j'avais ton âge.

Gloria lui renvoie un sourire rapide. Il est bien sympa, le nouveau gardien, mais qu'il n'imagine pas devenir son pote.

— Quand je joue ce morceau à la batterie, j'ai l'impression d'être un dieu de la musique, continue-t-il en riant et en se tournant à nouveau vers les boîtes aux lettres.

L'adolescente arrête net sa progression.

— De la batterie ? Vous ?

Bastien ne cache pas son amusement devant la stupéfaction de Gloria.

— Eh bien oui ! Moi !

Cette fois le regard de l'ado a changé, elle l'examine avec tout autant de surprise, mais un peu moins de hauteur.

— Ma mère n'a jamais voulu que j'en fasse. Trop volumineux, trop bruyant. J'avais droit au violon et à la flûte traversière, j'ai préféré ne rien faire, souffle-t-elle.

— À l'occasion, passe essayer ! répond tout aussitôt Bastien.

Cette fois Gloria s'anime tout à fait, et une lueur de joie brille dans ses yeux.

— Sérieux ?!

— Sérieux ! assure Bastien gaiement.

Elle jette un œil vers les fenêtres qui donnent sur la cour.

— Vous n'avez pas peur d'avoir des problèmes ?

Bastien secoue négativement la tête.

— Celle que j'ai ici est électronique. Aucun risque. En revanche, avec mon groupe, on a un local. Là-bas, j'ai une batterie tout ce qu'il y a de plus bruyant !

Gloria garde le silence quelques secondes et sort sa main droite de la poche de son blouson. Elle la tend le plus sérieusement du monde au gardien.

— Ça marche. Je veux bien essayer.

Bastien retient un éclat de rire devant la solennité du moment et lui serre la main en retour.

— OK, propose-moi des créneaux horaires, je te dirai ce qui m'arrange. Et je compte sur toi pour expliquer tout ça à ta mère, hein !

— OK, répond Gloria d'un air expert.

— Bonne soirée à toi, alors.

— Bonne soirée, M'sieur Bastien.

Gloria grimpe les escaliers lentement. Oui, elle a très envie d'essayer et peut-être que, si ça se passe bien, il lui donnera des cours. Sa mère pourra difficilement lui refuser dans ces conditions. Arrivée chez elle, l'adolescente sort l'enveloppe de sa poche arrière et décide de la décacheter.

Grand apéritif de Noël.

Chers habitants de l'immeuble, pour fêter la fin de l'année et mon arrivée, je vous convie à un pot de Noël le 24 décembre à 18 heures. D'ici là je compte sur vous pour décorer le sapin du hall sur le thème des étoiles !

— Bon sang, quel gros boomer..., souffle Gloria qui met un point d'honneur à critiquer tout ce qui touche aux traditions.

Ce gardien tatoué et pas si vieux vénère Noël et la batterie tout à la fois ? Vraiment un drôle de type.

13
À COEUR VAILLANT, RIEN DIMPOSSIBLE.*
MIAOUUU
MIIIIAOUU
CHIPS

13

BORiS

Il observe son bureau encombré de boîtes de gâteaux vides. À ce rythme son mémoire sera écrit dans… une dizaine d'années ? En revanche, il s'est considérablement amélioré à ce jeu de combat ! Il plonge sa main dans un paquet de chips, mais ses doigts ne rencontrent que l'emballage vide. Il est temps d'envisager une virée à la supérette. Rien que l'idée de sortir de sa grotte le fatigue : moins il bouge, moins il a envie de bouger. Et plus il pense à son mémoire qui fait du surplace, plus il a envie de s'abrutir devant des vidéos. Tant qu'il fallait se rendre en cours et suivre des horaires, effectuer des stages, il gérait, mais là… Là il peut employer son temps comme il le veut. Son directeur de mémoire a validé dans les grandes lignes son plan, désormais il est livré à lui-même et c'est la cata. Chaque soir, il se promet d'arrêter de procrastiner, et chaque matin, il repousse le travail au lendemain.

Il est allongé dans son lit, à se lamenter sur l'échéance qui approche dangereusement, lorsqu'il perçoit des bruits en provenance du toit. Des crissements, plus exactement, bientôt suivis de miaulements. Il ne peut s'agir que du chat de JVT, autrement appelée Anastasia. Il se redresse et tend l'oreille : il n'entend plus de déplacement, mais bientôt une plainte insoutenable, un miaou à vous fendre le cœur. Boris repousse sa housse de couette et positionne un tabouret sous le Velux, bien décidé à regarder d'où proviennent les cris. À peine a-t-il passé la tête qu'il capte le regard de sa voisine en train d'examiner la situation depuis sa propre fenêtre. Elle a l'air folle d'inquiétude. Au même instant ils découvrent le chat, une patte coincée dans la gouttière.

— Machin ! hurle Anastasia en se hissant sur le rebord du Velux.

— Vous ne comptez pas monter là-haut ? s'inquiète soudain Boris.

— Je ne vais pas le laisser coincé comme ça ! lance-t-elle d'une voix paniquée.

Boris analyse la situation. Le Velux de leur appartement semble plus large que celui de la chambre de JVT et le chat se situe plus proche de sa fenêtre. En prenant appui, il pourrait se hisser sur le toit bien plus facilement que JVT ne va pas manquer de se faire mal depuis sa propre ouverture, mais problème : il est présentement en tee-shirt et caleçon. Pendant qu'il tergiverse, sa voisine se contorsionne en pestant.

— Attendez ! Par chez moi ce sera plus facile.

Elle tourne son visage vers Boris et hoche subitement la tête.

— Vous avez raison ! J'arrive, lance-t-elle en disparaissant.

Boris panique. Il est quasi en slip, son appartement est dans un état qui n'a rien à envier à un champ de ruines, le temps qu'Anastasia arrive il pourrait peut-être… mettre le feu à tout ce fatras ?

— Oui, je vais attendre avant de lui ouvrir et ranger vite fait, murmure Boris.

Mais il n'a pas le temps de descendre de sa position que JVT est sur le seuil.

— Et donc je n'avais pas fermé à clé, soupire-t-il.

Anastasia se fige quelques secondes devant l'état des lieux. Si elle réalise que son voisin est dans une tenue on ne peut plus légère, elle n'en laisse rien paraître, et déplace la table jusque sous le Velux.

— Ce sera plus stable, acquiesce Boris.

Dehors le chat miaule de plus en plus fort, et poussé par l'énergie du désespoir, il se débat. Côte à côte, ils sortent la tête et constatent l'urgence. Boris sent qu'il est temps d'agir, de se montrer maître d'une situation pour la première fois depuis deux mois. Il peut le faire, il va le faire.

— Dès que je suis assez haut, mettez le tabouret sur la table.

— Sûr ? s'enquiert Anastasia qui ne semble pas prendre Boris pour un quelconque sauveur.

— Ça va aller, assure le jeune homme en mettant toute sa force dans ses bras.

Machin braille comme un damné. Ses dernières contorsions n'ayant fait qu'empirer son sort, il paraît encore plus coincé que quelques minutes auparavant. Boris est bientôt posté sur le rebord de la fenêtre. De là, il a bien conscience de la hauteur du bâtiment...

— Oh putain, souffle-t-il malgré lui.

— Mon petit Machin, calme-toi, supplie Anastasia.

Et, tandis que la neige se met à tomber, Boris rampe sans style en direction du félin.

— Du calme, mon pote, je viens te libérer.

La patte coincée entre deux plaques de zinc, le chat est totalement pris au piège.

— Comment tu as fait ton compte ?

Boris soulève avec peine la plaque supérieure et libère l'animal qui s'enfuit aussi sec en direction du Velux. Boris se sent d'abord fier et soulagé, ensuite il se voit tel qu'il est : quasi nu sur le toit d'un immeuble haussmannien un jour de décembre, et le vertige le prend.

— Ça va aller ? s'inquiète Anastasia.

— Moui ?

La jeune femme tend alors son bras autant qu'elle le peut et attrape la main que son voisin lui tend. Quelque chose se passe sur ce bout de toit, quelque chose de l'ordre de la magie qui fait que deux regards se croisent et se comprennent. Quand ils retrouvent la terre ferme, à savoir le sol de l'appartement de Boris, ils restent tout chose... jusqu'à ce que Machin se jette sur les mollets du jeune homme.

14
QUI
DORT
DÎNE PAS
DES MASSES.

14

CYPRIEN

Il aime regarder Tilda lorsqu'elle se réveille, mais pour l'heure elle dort encore profondément. C'est un rituel, chaque matin il prend un café, seul, en écoutant les nouvelles à la radio, en attendant qu'elle émerge tout à fait. L'immeuble bruisse, les locataires se préparent, qui à l'école, qui au travail. Le ciel est gris, chargé et lourd de pollution.

Cyprien est circonspect face au carton que le nouveau gardien lui a donné la veille. Il semble énergique et plein d'idées, ce jeune homme. Il ambitionne d'organiser un pot de Noël et souhaite que chacun décore le sapin. Il a hâte de raconter ça à Tiffany lorsqu'elle appellera dimanche. Il entend déjà son rire aigu, léger comme l'air. Cristallin. La dernière fois qu'ils ont échangé, elle était peinée de lui annoncer qu'elle ne viendrait pas avant la mi-janvier. Il la comprend, elle a sa vie et mille choses à faire. Un déjeuner avec deux reliques ne pèse pas lourd dans la balance, surtout face à un projet de voyage au Mexique !

Il reporte son attention sur le contenu de la carte d'invitation tandis que la dame de la météo certifie un épisode neigeux pour la semaine à venir. Foutaise, il ne tombera jamais que quelques flocons. Ça fait des années qu'il n'a pas vu Paris réellement enneigé. Un crissement se fait entendre depuis la cour. Dans la mesure de ses capacités, il se précipite à son poste d'observation. Incroyable ! Voici que le gardien s'est mis en tête d'installer des guirlandes lumineuses. Il traîne une caisse qui déborde de rallonges et de lampions colorés. Un léger bruissement le fait se retourner.

— Tiens, Tilda ! As-tu bien dormi ?

— Je suis fatiguée.

— Je sais, je sais… Je t'apporte le petit déjeuner dans une minute. Au fait ! Tu ne devineras jamais : on dirait que le petit nouveau s'est mis en tête de décorer le hall !

Cyprien délaisse la fenêtre et rejoint la table. Il coupe une tranche de pain qu'il beurre et découpe joliment une pomme, donnant aux morceaux des formes d'étoiles et de cœurs. Il dispose le tout dans une assiette et l'apporte à Tilda qui se réjouit à la vue de ce petit déjeuner. Tandis qu'elle mange, il monte légèrement le volume du poste pour entendre les résultats des matchs de la veille.

— Je ne compte pas aller à cette fête, bougonne Cyprien.

— Ah bon ?

— Je n'ai rien à dire à tous ces gens et l'inverse est tout aussi vrai. Chacun chez soi, c'est mieux comme ça.

— Quelle déception !

— Parce que tu avais envie d'y aller toi ?! s'amuse le vieil homme.

— Non, je suis fatiguée.

— Alors comme ça, c'est réglé !

Le vieil homme se sert une nouvelle tasse de café et retourne à la fenêtre.

— À part ça, la petite rebelle a les cheveux sacrément roses cette fois, je crois que sa mère n'apprécie pas. Et pour ce qui est de la batterie, j'ai entendu le gardien dire qu'elle était entièrement électronique.

— Quelle déception !

— Comme si tu rêvais de l'entendre tambouriner ! Tu n'aimes que le classique !

Cyprien se met à rire, ce qui est suffisamment peu fréquent pour être souligné. Il lit une nouvelle fois le petit mot que le gardien est venu la veille lui donner en main propre, arguant qu'il ne le croisait quasiment jamais. Il s'est contenté de hocher la tête pour accuser réception de l'invitation. En dehors de Tilda, Tiffany et le marchand de thé, il ne parle pas à grand monde. Il ne sait plus faire, il a désappris. Pour ce qui est de décorer le sapin du hall, il s'est gardé de dire au nouveau concierge qu'il n'en avait plus depuis des années. Il ne se voyait pas lui raconter des choses aussi intimes et avait très envie qu'il décampe. Et puis, surtout, il s'est senti gêné en le voyant sur le pas de sa porte, à cause de ce cabas qu'il a remonté de la cave.

— Qu'est-ce que je vais faire de ce truc, Tilda. Je ne peux tout de même pas le garder…

— Ah bon ?

Cyprien tourne et retourne la boîte.

— Console Watch 3.0… J'imagine que c'est le genre d'appareil sur lequel les jeunes jouent.

15
QUI VOLE UN BŒUF EST VACHEMENT COSTAUD.

15

PIERRE, LOLA, TIAGO

Pierre rentre du travail et s'émerveille. Lola est une fée ! Elle a déjà arrangé l'appartement de fonction avec chaleur, et même si leurs affaires ne sont pas arrivées, en disposant seulement quelques décorations et objets personnels, elle a réussi à donner une touche joyeuse à l'ensemble. Il se sent chez lui, même si ça ne ressemble en rien à leur logement de La Réunion, même si la plage n'est pas là, même si ce n'est pas une vaste maison et même s'il y a si peu de verdure alentour. Il entend Tiago qui, dans sa chambre, téléphone à ses amis. Il imagine sans peine comme il doit lui être difficile d'intégrer un nouveau lycée, en cours d'année scolaire qui plus est.

— Je vous emmène dîner au restaurant, annonce Pierre en embrassant Lola dans le cou.

Elle est en train de peindre un ciel étoilé, postée devant la fenêtre. Courir dans un magasin de loisirs créatifs a été sa

première sortie. Chevalet, pinceaux, cadres et toiles constituent ses essentiels.

— Je ne sais pas ! répond-elle, j'ai préparé un rougail saucisses !

— Dans ce cas…

Elle pose ses instruments sur une tablette, et essuie un peu de bleu sur sa blouse de travail.

— Cela dit… C'est presque meilleur réchauffé, ajoute-t-elle en riant. Un restaurant italien ?

Tiago apparaît dans l'embrasure de la porte.

— Je rêve, ou quelqu'un a parlé d'italien ?

— Va pour un italien ! s'exclame Pierre.

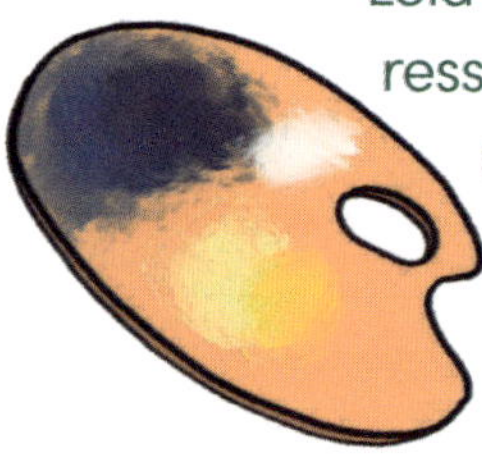

Lola s'éclipse pour prendre une douche. Elle prétend qu'elle ne ressemble à rien, que ses cheveux ne sont pas présentables, mais c'est comme ça que Pierre la préfère. Au naturel, ce naturel paré de son charme spontané… Il lui est véritablement reconnaissant de ne pas avoir rechigné quand il a eu cette proposition et qu'il a été question de quitter leur île pour deux ans. Il se tourne vers Tiago qui observe la cour depuis leur fenêtre.

— Et toi, comment ça va ?

— Ça roule.

— L'ambiance au lycée, ça dit quoi ?

L'adolescent hausse les épaules et continue de regarder en bas. Pierre s'approche de lui et se retient de sourire. Il a remarqué que chaque fois que son fils croisait la jeune fille aux cheveux roses, il se passait quelque chose dans sa façon de se tenir, une attitude de gêne qu'il ne lui connaissait pas jusque-là. Tiago n'est pas insensible à Gloria. Et elle discute en ce moment même avec le gardien.

— Elle est sympa ? demande Pierre innocemment.

— Plutôt, ouais, répond Tiago en rougissant légèrement. On parle un peu.

Il se tourne vers son père, l'air embarrassé.

— Tu sais le mot, dans les boîtes aux lettres...

— Pour la fête de Noël ?

— Non... La maman qui vit seule avec ses enfants... Elle cherche un sac qu'elle avait déposé dans l'entrée des caves.

— Ah oui, Maman m'en a parlé.

— Ben...

Pierre observe Tiago. Il regarde le sol et se mordille la lèvre inférieure, comme s'il se retenait de parler.

— C'est toi ? Tu sais, tu peux tout me dire.

L'adolescent se redresse subitement et écarquille les yeux.

— Moi ? Non !

— Alors, ça a quelque chose à voir avec… cette jeune fille ? demande Pierre en désignant Gloria par la fenêtre.

— Non plus !

Le visage de Tiago se décompose à mesure que les secondes passent et le père de famille choisit de le laisser venir.

— C'est-à-dire que… il se pourrait que je sache qui a pris ce sac…

— Ah oui ?

— Sauf que je n'ai pas très envie de balancer.

Pierre reste interloqué. Il connaît la droiture de son fils, mais cette histoire semble le torturer.

— Si tu me dis de qui il s'agit, on peut peut-être arranger les choses. Il y avait quoi dans ce sac ?

— Je n'en sais rien, ce n'est pas précisé dans le mot.

— OK… Mais donc, tu as vu quelque chose ?

Tiago hoche la tête lentement.

— J'étais dans la cour à ce moment-là et j'ai vu une drôle de scène. C'est quand j'ai vu le mot que j'ai capté.

Lola sort de la chambre. Toute pomponnée, elle porte une

jolie robe bleu nuit et une paire de bottes pour affronter le froid qui sévit sur Paris.

— On y va ? lance-t-elle joyeusement.

Elle enfile son épais manteau par-dessus ses vêtements, mais comprend qu'il se trame quelque chose d'inhabituel.

— Un problème ? s'enquiert-elle.

Tiago jette un coup d'œil à son père avant de sourire à sa mère.

— Le seul problème, c'est que je rêve d'une pizza ! annonce le jeune garçon en se dirigeant vers la porte d'entrée.

Dubitatif, Pierre leur emboîte le pas en se promettant de creuser le sujet.

16
CE N'EST PAS DU DÉSORDRE MAIS DE L'ART CONTEMPORAIN.

16

ANASTASIA

C'est pas vrai !

Anastasia sort tout juste de la douche et réalise que Machin n'est plus dans les parages ! Elle n'habite tout de même pas un loft, elle devrait le trouver en moins de temps qu'il n'en faut pour le dire. Elle a fouillé les placards, examiné le toit, sans oublier le carton de chaussures où il adore se blottir. Sous le lit, derrière le clic-clac… Rien. Soudain elle comprend que sa porte n'est pas fermée, tout juste poussée. Quelle imprudente elle fait !

— Oh non !

Elle se précipite dans le couloir avec encore en mémoire l'escapade de son félin sur les toits – il voulait régler son compte à un pigeon –, et elle échafaude une demi-douzaine de possibilités macabres. S'est-il fait enlever ? A-t-il fugué dans la rue ? Ou bien c'est le vieux ronchon qui l'a appâté pour l'empoisonner ?

Avant toute chose, il lui faut revêtir autre chose que cette serviette qui menace de se dénouer à tout moment. À la hâte, elle enfile un legging orné d'étoiles et un tee-shirt. Depuis quand ne l'a-t-elle pas vu ? Elle a sauté dans la douche à peine réveillée, cela date peut-être de plusieurs heures ! Décidément plus rien ne va dans sa vie, le casting de la veille s'est encore soldé par un refus. Un de plus… Elle n'envisage pas de perdre Machin, le seul bonheur qui lui reste. Elle monte et descend les escaliers à plusieurs reprises, puis se décide à aller à la rencontre de Bastien. En voyant la jeune femme accourir, il comprend qu'il y a un problème.

— J'ai perdu mon chat. Il est roux, s'appelle Machin et a une fâcheuse tendance à griffer tous ceux… qui ne sont pas moi.

— Calmez-vous, Anastasia, je suis sûr qu'il n'est pas loin.

— Si je le perds, je pète un plomb, déclare la jeune femme en se laissant glisser au sol.

— J'ai bien compris, reprend Bastien. Mais ça n'arrivera pas.

Le gardien s'accroupit à son niveau.

— On peut faire le tour des appartements ?

Anastasia le regarde comme s'il venait d'énoncer le théorème de la relativité.

— Bien sûr ! C'est évident, s'écrie-t-elle en se redressant péniblement.

— Honnêtement, il ne peut pas être loin et je ne l'ai pas vu dans la cour. Je prends les deux premiers étages et vous vous occupez des deux autres ?

Anastasia se sent soulagée. Son cerveau mouline tant ces dernières semaines… Elle a besoin que quelqu'un lui dise quoi faire et comment agir. Que quelqu'un se montre confiant pour elle, car elle-même ne contrôle plus rien.

— OK ?

— OK, répond la danseuse en attrapant la main que le gardien lui tend.

Il lui sourit en prenant l'escalier principal tandis qu'elle se dirige vers celui de service. Par acquit de conscience, elle toque à la porte du GB. Gentil Boris, ou Gros Bordélique, c'est selon. À vrai dire, depuis qu'il l'a aidée à récupérer Machin, elle l'évite. Il s'est montré adorable, mais cette scène en slip, son soudain vertige et leur échange de regards… C'était vraiment étrange. Elle a honte de ce qu'il peut penser d'elle, elle doit paraître lamentable, vue de l'extérieur. Et puis quel chantier dans cet appart ! Elle s'immobilise devant sa porte et toque trois coups légers. Au bout d'une minute, elle entend des bruits de pas et la tête tout ensommeillée de GB paraît par l'entrebâillement. En découvrant Anastasia, le jeune homme tente de mettre un peu d'ordre dans ses cheveux.

— JVT ! Euh, Anastasia !

La jeune femme s'interroge sur la façon dont il l'a appelée, mais choisit de rester concentrée sur son objectif.

— J'ai perdu mon chat, il est forcément dans l'immeuble. Enfin, c'est ce que m'assure Bastien.

Boris, qui n'a pas encore tout à fait les yeux en face des trous, hoche savamment la tête.

— Bien sûr... Vous avez regardé sur le toit ?

— C'est la première chose que j'ai faite, avant de me rendre compte que ma porte était restée entrouverte.

— Je n'ai rien entendu, se désole Boris.

Au même moment un miaulement parvient jusqu'à eux et les fait se tourner tous les deux : sur un fauteuil encombré de vêtements, Machin s'étire avec nonchalance. Leurs regards passent du Velux ouvert au fauteuil, et, comme pour enfoncer le clou, le chat vient se frotter allègrement aux jambes de Boris.

— Je vous jure que je n'y suis pour rien ! s'exclame-t-il, horrifié à l'idée qu'Anastasia imagine qu'il ait enlevé le félin.

— Il est peut-être bien passé par la fenêtre, finalement...

— Je dormais. Et quand je dors, un troupeau de mammouths pourrait tout à fait prendre possession des lieux sans que j'entende rien !

Anastasia tente de saisir Machin qui file s'installer sur le lit.

— Il faut croire qu'il vous aime bien, depuis l'épisode de la gouttière.

L'étudiant regarde pensivement les griffures récoltées à cette occasion.

— C'est pas l'impression que j'ai eue…

La jeune femme hésite, puis pénètre dans le capharnaüm de l'appartement pour attraper Machin. Les voisins se saluent gauchement avant de se séparer.

— Ça vous dirait un apéro, un de ces soirs ? ose Boris.

— À vrai dire, j'ai des castings à préparer…

— Si je promets de tout ranger pour l'occasion et d'inviter Machin en même temps ?

— Dans ce cas, je ne vois pas comment je pourrais refuser.

17

UN POUR TOUS ET TOUS POUR MOI !

17

MÉLANIE

Mélanie a enchaîné les nuits de garde et se sent épuisée. Elle garde ses jours de congé pour les fêtes, ses collègues plus âgées ou celles qui n'ont pas d'enfants lui ont donné la priorité. Elle est heureuse de recevoir ses parents qui viendront d'Avignon pour réveillonner. Ce Noël est particulier puisque c'est son année. Les années paires, il est convenu qu'elle ait les enfants, et les impaires, ils passent la semaine chez leur papa qui vit à Strasbourg. Alors Mélanie compte bien concocter à ses trois poulets, comme elle les appelle, un Noël mémorable. Ils sont loin de se douter qu'elle les emmènera le 25 à Disneyland avec leurs grands-parents !

En attendant, elle n'a pas résolu son problème de console. Pour le moment donc, Axel n'a pas de cadeau et avec tout ce qu'elle a prévu, des repas aux sorties, elle n'a absolument pas les finances pour lui racheter une Watch 3.0. Sans

compter que de toute façon, elle n'en trouverait pas d'autre sur le marché.

Elle consulte donc les annonces sur un site d'occasion, certaine que son fils serait déjà satisfait de recevoir une console d'une génération moins récente. Elle relativise : ils sont tous les quatre en bonne santé, heureux d'être ensemble et tout ce qui va avec, mais quand même, quelle frustration de se faire voler chez soi, ou quasiment !

— Maman ?

Axel, son fils aîné surgit, les sourcils froncés, tandis qu'elle établit sa liste de courses. Allongés sur le tapis, les jumeaux jouent avec leurs figurines dinosaures.

— Oui, mon cœur ?

— Il paraît qu'il y a un voleur dans l'immeuble.

L'estomac de Mélanie fait un salto arrière. Elle a pris soin de mettre des mots dans les boîtes aux lettres et, malgré ce qu'imaginait le gentil gardien, personne ne s'est manifesté.

— Ah bon ?

— Hugo, tu sais, le frère de Gloria, il racontait ça à l'école.

— Ça me dit quelque chose…

— De quoi il parlait, alors ?

— Hummmm… je crois qu'un sac a disparu

dans la cave, se résout-elle à répondre, prise de court.

Axel pose ses mains sur ses hanches.

— Ça me met en colère.

— Ah oui ?

— Franchement on est tranquilles, ici. En plus, depuis que Bastien est arrivé, l'ambiance est chouette.

Mélanie observe ce petit garçon qui grandit trop vite. Elle en veut à la personne qui va le priver de son cadeau et ne se sent pas le courage de lui avouer l'entière vérité.

— D'ailleurs, on le décore quand le sapin du hall ?

La mère de famille soupire. Elle a effectivement oublié ce détail… À chaque fois qu'elle entre dans l'immeuble, elle se jure d'y penser, avant d'oublier aussitôt. Elle n'est pas la seule puisque le sapin est toujours dépourvu de la moindre étoile.

— On ne pourrait pas sortir le nôtre du placard pour regarder ce qui ferait l'affaire pour Bastien ?

— Oh oui ! hurlent en chœur les jumeaux qui n'ont visiblement rien raté de la discussion.

— Moi j'ai pas envie que le voleur prenne le sapin !

— Et je veux pas qu'il vole les lumières !

— OK, OK, capitule Mélanie. Il est temps de sortir le sapin !

Dans un tourbillon de guirlandes, de boules et de rallonges électriques, tous quatre installent leur petit arbre artificiel. Mélanie ne manque pas de lancer sa playlist spéciale, mélange de reprises de crooners américains et de morceaux à sonorité plus pop, Mariah Carey en tête. Et tandis qu'Axel aide ses frères à positionner l'étoile finale, la sonnette retentit. Mélanie s'éloigne vers la porte en couvant ses garçons du regard. Elle est surprise de trouver sur le seuil le fils de cette famille qui vient d'arriver de La Réunion.

— Bonjour, Madame, je peux vous parler ?

Curieuse, la mère de famille l'invite à entrer et voit l'adolescent sourire quand il aperçoit leur petit sapin.

— On ne l'a pas encore fait..., explique-t-il à Mélanie qui surprend son regard. Au fait, je m'appelle Tiago.

Penché au-dessus d'un carton, Axel exulte.

— Ça y est, M'man ! Il reste pile quatre étoiles à mettre dans le sapin de Bastien !

18

LES ABSENTS ONT (PRESQUE) TOUJOURS TORT !

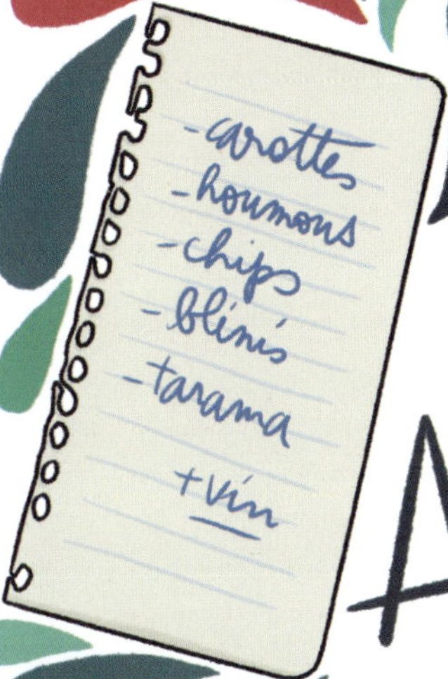

18

BORIS

Il range comme jamais. Enfin, plus exactement, il déplace pas mal de choses dans les chambres de ses colocataires. Amusé, il retrouve des vêtements qu'il pensait avoir perdus… Quel bordel, quand même. C'est comme si, tout d'un coup, il prenait conscience de l'état de leur colocation. C'est ce mémoire qui l'a rendu amorphe. Il a craint l'échec, reculé devant l'obstacle, alors il n'a plus rien fait de ses journées. Pourquoi s'est-il lancé dans ce sujet qui ne l'inspire plus autant que lorsqu'il l'a choisi ?

Il ne sait pas grand-chose d'Anastasia, mais elle le touche. Elle l'impressionne avec ses castings et ses footings quotidiens. Ses propres baskets agonisent dans un coin de sa chambre sous des cartons de pizzas et des cahiers cornés. Il a honte de s'être à ce point laissé aller. « Dualité onde-corpuscule », en temps normal le sujet le passionne, c'est même un fondement de la physique quantique…

Tandis qu'il rassemble les bouteilles de soda vides, le brouillard se lève. Il lui manque un plan digne de ce nom, quelque chose d'un peu original, car, soyons honnêtes, il ne va pas révolutionner le sujet. En fourrant ses tee-shirts dans la machine à laver, il y voit plus clair. C'est fou comme l'action appelle l'action ! Il ouvre son Velux pour aérer l'appartement et ramasse les assiettes disséminées un peu partout. Il prend une douche salvatrice et ausculte le frigo vide. Problème de taille… Il a proposé un apéro à JVT, mais n'a pour l'instant rien à boire et à manger. Hop ! Une petite liste : carottes, houmous, blinis, tarama et une bouteille de vin ? Alléluia ! Il sait comment articuler la première partie ! Tout heureux, il passe un chiffon sur le tableau blanc qui lui sert pour élaborer ses formules. Il peut bien y consacrer une petite demi-heure, juste une petite demi-heure, ensuite il ira faire les courses.

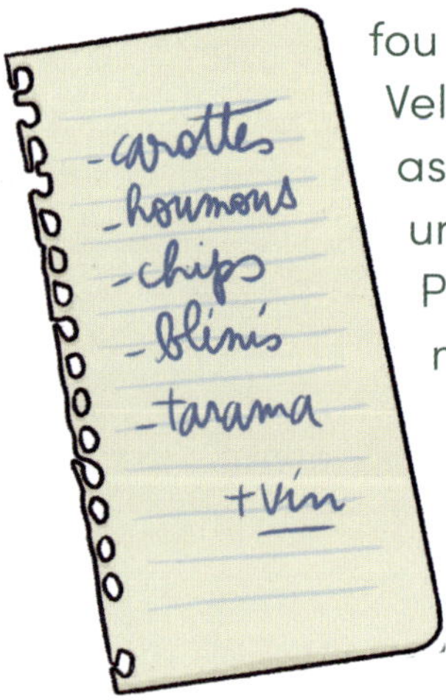

Quand la sonnette retentit, il prend conscience que la nuit est tombée.

— Bordel !

Il a la sensation de sortir d'un profond sommeil. Depuis combien de temps travaille-t-il ? Parce que, après avoir établi les fondations de son mémoire, il s'est mis à consulter ses livres et à rédiger quelques notes…

— Je suis un énorme boulet, se lamente-t-il en croisant son reflet dans le miroir de l'entrée.

Déjà il n'est pas en caleçon, c'est un bon début. Et à peu près présentable, donc, pour qui apprécie les tee-shirts blancs et les jeans. Boris se décide enfin à ouvrir à Anastasia qui lui sourit timidement. Elle tient Machin dans ses bras et celui-ci, très à l'aise chez Boris désormais, saute sur le sol pour rejoindre tranquillement le canapé.

— J'ai de quoi boire, annonce la danseuse en brandissant une bouteille.

— Entre, je t'en prie, enchaîne Boris sans savoir comment il va se sortir du mauvais pas dans lequel il s'est fourré.

La jeune femme a passé une jolie robe verte sur laquelle scintille une broche en forme d'étoile, et on dirait même, oui, qu'elle s'est légèrement maquillée pour l'occasion. Elle observe les lieux, c'est tout de même plus rangé que la dernière fois qu'elle est venue. Cependant, elle tique sur les tas de livres posés au sol et les pages jonchées d'écriture. Boris surprend son regard.

— C'est-à-dire que…

— J'arrive trop tôt ?

L'étudiant secoue la tête, déconfit.

— Anastasia, je suis un gros nullos.

Elle tangue sur ses jambes, soucieuse de ne pas déranger.

— Non, non ! Reste. En fait, j'ai enfin commencé à travailler sur mon mémoire et… je n'ai pas vu le temps passer.

— Ah…, lâche-t-elle en tentant de cacher sa déception.

— Je vais me rattraper, décide Boris. Déjà, nous avons de quoi boire.

Anastasia le regarde sans comprendre.

— J'ai un peu zappé les courses, à vrai dire…

— Oh…

— Quand je te disais que j'étais un boulet.

Anastasia hésite. Elle ne savait pas à quoi s'attendre, mais cette situation est encore plus troublante que ce qu'elle avait pu imaginer. Oubliée… Il l'a oubliée ? Voilà qui ne répare en rien sa confiance en elle… Elle est ce genre de fille, donc ? Celle qu'on invite et qu'on oublie.

— Je crois que je ferais mieux d'y aller, annonce-t-elle en se dirigeant vers Machin.

Boris panique, lui non plus n'avait pas, mais alors pas du tout, envisagé ce scénario. Deux mois qu'il ne glande rien, et l'inspiration le prend tout à coup ?!

— Laisse-moi une chance de me faire pardonner, supplie

t-il, tu aimes les sushis ?

Machin profite de la diversion pour se glisser sous le canapé et Anastasia ne sait pas si elle doit sortir le chat de force ou abdiquer.

— Tu dois me prendre pour un mufle, reprend le jeune homme. Je sais que c'est difficile à croire, mais ce n'est vraiment pas le cas.

Anastasia le fixe, indécise.

— OK, lâche-t-elle. De toute façon Machin n'a pas l'air de vouloir rentrer.

— Tu me laisses dix minutes ? Je fais un aller-retour chez le japonais ?

— Va pour le japonais, acquiesce-t-elle dans un sourire.

Et tandis que Boris disparaît dans le couloir, elle découvre que Machin s'intéresse de près à un carton, duquel il tire une guirlande de plumes.

19
MÉFIEZ-VOUS DU LOUP QUI DORT...

19

GLORIA

La prochaine fois je ferai bleu, lance-t-elle avant de claquer la porte.

Elle peste dans l'ascenseur. Sa mère ne va quand même pas lui prendre la tête mille ans pour une couleur de cheveux ? Que les adultes sont compliqués, pense l'adolescente quand les portes se referment.

Au moment où les parois se rejoignent presque, elle aperçoit la silhouette du petit nouveau, à savoir Tiago. Elle hésite à bloquer l'ouverture, désireuse de râler en paix, mais, sans savoir pourquoi, elle glisse son pied dans l'interstice, lui permettant ainsi d'entrer dans la cabine. Que fait-il à son étage ? Il n'y a que leur appartement et celui de Mélanie ? Tiago lui adresse un petit signe de tête en guise de remerciement.

— Salut, fait-elle avec l'air le plus cool et distant possible.

— Salut, répond Tiago, tout étonné qu'elle lui adresse la parole.

La jeune fille l'examine. Il est la seule personne un peu intéressante de l'immeuble. L'attrait de la nouveauté peut-être, ou alors cet air qu'elle ne retrouve en aucun autre de ses camarades du collège.

— Ça se passe bien ? tente-t-elle.

Tiago ne sait pas ce qu'il doit comprendre dans cette question. Gloria l'interroge-t-elle sur l'état de son transit ? Son emménagement ? À moins qu'elle ne fasse référence à son arrivée dans leur collège commun...

— Mouais, choisit-il prudemment de répondre.

Depuis que sa famille est arrivée dans le quartier, il n'a fait que la croiser. Il a vaguement tenté d'entrer en contact avec elle, mais elle est tellement entourée. À peine franchit-elle les portes de l'immeuble que des tas d'adolescents fondent sur elle.

— T'es au courant du vol ? lui sort-elle d'un ton conspirateur.

C'est plus fort que lui, Tiago se prend à rougir. Sa peau a beau être hâlée, il sait que c'est son point faible. À la moindre gêne, il rougit d'une force... Gloria semble s'en rendre compte et fronce les sourcils.

— C'est toi ?

— Mais non ! s'offusque-t-il. Pas du tout !

— Cinq mots ! cinq mots d'affilée, c'est pas mal. Je te pensais quasi muet, se moque-t-elle gentiment.

Tiago lui sourit en retour.

— Moi j'aime bien...

L'air malin de Gloria s'évanouit.

— Pardon ?

— Le rose, c'est pas mal. Je t'ai entendue dire que la prochaine fois tu passerais au bleu.

L'adolescente éclate de rire.

— Ma mère, lance-t-elle, comme si cette explication suffisait à lui résumer les rapports compliqués qu'elles entretiennent.

— Mes parents ne sont pas faciles tous les jours, ment Tiago qui s'entend à merveille avec les siens.

Les portes de la cabine s'ouvrent et tous deux se retrouvent dans le hall d'entrée, face à la cave.

— Bon alors ? Le mot dans les boîtes aux lettres : tu sais qui a volé le sac ?

Le jeune garçon hésite avant de secouer négativement la tête. Gloria décide de ne pas insister, mais elle sent que Tiago lui cache quelque chose.

— On ne peut pas dire que le sapin croule sous les décorations, lance-t-il pour faire diversion.

— Bah tu sais moi, Noël et tout le tintouin, je déteste ça. Tiago ouvre des yeux ronds.

— Ah ouais ? Mais genre, vraiment ?

— Comment ça, vraiment ?

— C'est pour te donner un genre ou bien tu détestes vraiment Noël ?

Gloria vacille légèrement.

— Pas mon truc, enfonce-t-elle

— Moi j'adore. Enfin, pas comme un gosse, mais j'aime l'idée. Et, cette année va être particulière parce que je ne serai pas avec le reste de ma famille, mais en métropole, les décorations et le reste, ça ne rend pas pareil.

L'adolescente secoue la tête et ses cheveux roses tenus par des barrettes étoilées rebondissent sur ses épaules.

— Je ne vois pas l'intérêt de cette frénésie consumériste.

Tiago éclate de rire.

— Quoi ? répond Gloria.

— C'est étrange dans ta bouche « frénésie consumériste ».

Elle hausse les épaules, un peu vexée.

— Je ne dis pas qu'on doit dépenser des mille et des cents dans les cadeaux, mais penser les uns aux autres, se mettre dans l'ambiance… En plus, je trouve ça sympa de la part de Bastien, c'est une chouette initiative.

La jeune fille considère longuement le sapin qui fait peine à voir, au naturel. Et elle repense à Bastien qui lui a proposé gentiment de lui donner des cours de batterie. Elle sent sa conscience la titiller.

— C'est vrai, conclut-elle pensivement.

— Tu veux venir avec moi ?

— Où ça ?

— Je suis censé aller trouver quelques décos. Ma mère m'a missionné, on n'a absolument rien à l'appartement, tu te doutes bien.

— Et tu comptes aller où ?

— À la supérette.

Gloria soupire et se mordille la lèvre inférieure pour gagner quelques secondes de réflexion, puis, déterminée, elle attrape le bras de Tiago. Bastien mérite que chacun joue le jeu.

— À la supérette… N'importe quoi ! Je vais te montrer les bonnes adresses, moi !

20
RIEN NE SERT DE POURRIR, IL FAUT MÛRIR À POINT.

Boris ferme la porte avec son pied et titube jusqu'à la cuisine avec son butin.

— Euh… Tu attends du monde ? s'enquiert la jeune femme.

— Je crois que je me suis un peu laissé emporter.

Il dépose le contenu des sacs sur la table basse et se passe la main dans les cheveux.

— Je crois que tu vas pouvoir venir manger chez moi pendant une semaine…

— En tout cas, l'odeur de poisson cru semble plaire à quelqu'un ! rétorque Anastasia en saisissant le chat qui fond sur les aliments.

— Bon, je vais peut-être mettre le dîner hors de sa portée, s'amuse Boris.

Il se tourne ensuite vers le sapin.

— J'avais totalement oublié qu'on avait ça ici… C'est ma coloc qui l'avait apporté l'an dernier.

— Le carton a dû surgir au moment où tu t'es mis à ranger !

— Sans doute ! D'ailleurs, j'ai retrouvé des tas de choses ! C'est formidable de ranger de temps en temps !

— C'est sûr que tu n'as pas dû t'ennuyer… La jeune femme qui vit avec toi, c'est ta coloc ?

Boris ne cache pas son étonnement.

— Mathilde ? Ben oui… On est tous les trois en études de physique. Seb et Mathilde sont partis pour quatre mois en Espagne pendant que je suis censé terminer mon mémoire… Pour tout te dire, j'ai réussi à me remettre au travail cet après-midi, d'où l'accueil catastrophique que je t'ai réservé.

— Il n'y a rien de grave. Je me suis permis de mettre la bouteille au frais, d'ailleurs.

Boris sursaute.

— Tu apportes une bouteille et je ne pense même pas à t'offrir à boire ! Comme tu le vois, j'ai un peu perdu l'habitude d'interagir avec mes semblables !

Il sort d'un placard deux verres à moutarde décorés d'étoiles et grimace en découvrant les traces de doigts qui les constellent. Il se hâte de les nettoyer, les essuie avec soin puis y verse le vin blanc.

— Il faut vraiment qu'on renouvelle notre vaisselle.

Le visage d'Anastasia se ferme.

— Ça me fait un peu mal de boire mon grand cru dans des verres à moutarde.

Boris se décompose.

— Tu… Mince… Je suis désolé.

— Je plaisante, Boris ! Je plaisante !

Le jeune homme reprend des couleurs et lui tend un verre.

— Tu m'as fait peur… Je fais tout de travers.

Anastasia sourit et trinque avec lui.

— C'est plus drôle comme ça !

Boris sourit à son tour.

— Tu ne dois pas être habituée à être traitée comme ça ?

— C'est-à-dire ? s'étonne Anastasia.

— Avec ta carrière, tout ça…

La danseuse soupire en s'asseyant sur le canapé.

— Oh, tu sais, ma carrière ne ressemble plus à grand-chose ces derniers temps, répond-elle pensivement.

— Ah ouais ?

— J'ai raté tous mes derniers castings. À vrai dire, je ne me suis pas rendue à celui qui avait lieu ce matin.

— Oh ben ça alors ! J'ai comme l'impression que tu as besoin d'un petit coup de boost ! Moi je te trouve impressionnante, tous tes entraînements, tes footings… et quelle allure.

Le visage d'Anastasia s'éclaire. Cela fait des mois qu'elle

n'a pas entendu de compliments, et cela sonne comme une douce chanson à ses oreilles. Ce Boris est drôle et gentil, ça se sent.

— Il n'est pas si mal ce sapin ! embraye Boris.

— Minus, mais mignon, ajoute Anastasia.

— Tu n'as pas mis toutes les décos ?

— Non ! J'en ai gardé cinq pour le sapin de Bastien !

— Cinq ?

— Tes deux colocataires, toi, moi...

— Et Machin !

21
C'EST FORT DE CAFÉ !

21

BASTIEN

Bastien est dépité. Le syndic vient de le prévenir : l'ancien gardien souhaite reprendre son poste. Il est toujours dans son mois d'essai et se sent perdu. Il trouve un peu facile que l'autre décide de revenir comme une fleur, après un déménagement impromptu qui visiblement s'est soldé par un échec. Bastien soupire en buvant son café : quelles conclusions tirer de ces premières semaines ? Doit-il se battre pour rester ou bien laisser tomber ?

Son regard se pose par-delà la vitre de la loge, sur le sapin que personne n'a pris soin de garnir. Il s'est sans doute bercé d'illusions en se persuadant qu'il trouverait dans cet emploi les rapports humains qui lui manquaient dans son ancien job. Alors oui, il a effectivement plus de temps pour lui, pour son chien et pour son groupe de rock, mais il a tout de même sacrément perdu en pouvoir d'achat : son salaire de gardien n'a rien à voir à celui qu'il touchait auparavant.

Heureusement qu'il est logé gratuitement. Et que dire de ce pot qu'il compte organiser ? Boris et Anastasia se sont montrés enthousiastes, mais les autres ? Il n'a pas eu de réponses claires. Son ventre se tord. Peut-être pourrait-il rappeler son boss ? Faire comme l'ancien gardien et changer d'avis ? Un discret toc-toc aux carreaux le sort de ses pensées. Il distingue Mélanie qui se contorsionne pour voir au travers de ses rideaux. Bastien se lève et l'invite à entrer.

— Bonjour, Bastien !

— Bonjour, Mélanie, répond-il d'une voix lasse.

La jeune mère de famille fronce les sourcils.

— Quelque chose cloche ? s'inquiète-t-elle.

— Oh... Rien de dramatique, lâche Bastien en essayant de sourire. Vous vouliez ?

Mélanie repousse une mèche de sa frange.

— Je cherche des chaises.

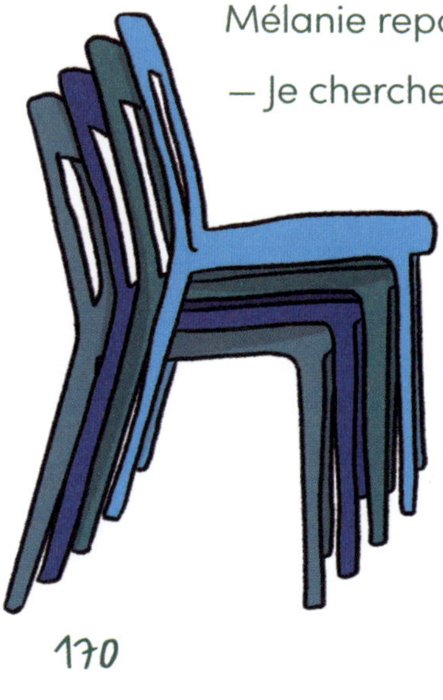

— Des chaises ?

— Mes parents viennent passer quelques jours pour les fêtes, et je n'ai que quatre chaises, explique-t-elle.

— C'est embêtant.

— Bien sûr, je pourrais tenter de dîner en faisant des squats, mais...

— Ça ne serait pas très confortable, poursuit le gardien. Je vais trouver ça, ne vous inquiétez pas.

Mélanie joint ses mains en signe de remerciement et s'apprête à tourner les talons quand elle se ravise.

— Je sens que quelque chose ne va pas, Bastien. Vous voulez en parler ?

Le jeune homme souffle longuement par le nez. C'est lui qui est censé rendre la vie des habitants plus facile, et non l'inverse. D'autorité, Mélanie l'entraîne vers la cuisine dans laquelle ils ont déjà pris le café par le passé.

— Allons, allons. On raconte tout à Mélanie !

— Je ne sais pas si…

Elle lui coule un regard lourd de sens, un regard qui semble dire « je ne lâcherai pas tant que tu n'auras pas vidé ton sac ».

— Je ne suis pas sûr de continuer, annonce-t-il enfin.

Mélanie écarquille les yeux.

— Mais encore ?

— L'ancien gardien veut reprendre sa place. Il ne se fait pas à la vie dans le Sud. Quant à moi, je crois que j'avais un peu idéalisé le poste. Mon rôle, en tout cas.

— Vous me faites marcher ! s'insurge en claquant ses mains sur le plan de travail de la cuisine, devant elle.

Bastien se mord l'intérieur des joues quelques secondes.

— Je crains que non.

— C'est hors de question ! On ne veut pas récupérer Sardaigne ! Je pense ne pas m'avancer en vous disant que je parle au nom de nous tous. Vous restez, point barre.

Bastien ne peut se retenir de sourire.

— Mélanie… C'est adorable, mais je m'étais imaginé tout autre chose. Créer du lien, être utile…

— Mais vous êtes très utile !

— Je sais bien que c'est faux, regardez : tout le monde se contrefout de mon sapin. Et je ne vais pas vous faire l'affront de vous rappeler que j'ai tenté d'organiser un pot.

Mélanie s'empourpre, soudain mal à l'aise.

— Je n'ai pas pris le temps de vous répondre, mais nous serons présents ! D'ailleurs, je serai accompagnée de mes parents : ça va être très sympa !

— C'est gentil d'essayer de me convaincre, mais parfois il ne faut pas lutter. Le fait que ce Monsieur…

— Sardaigne ! Une vraie peau de vache celui-là !

— Que ce Monsieur Sardaigne veuille revenir, c'est peut-être un signe.

— Un signe de rien du tout ! Il n'en est pas question ! Vous allez voir, je vais faire le tour des apparts et faire remonter au syndic que c'est vous qu'on veut !

— Oui, mais…

Bastien se tait. Il distingue Tiago et Gloria qui franchissent la porte cochère en riant. Se poussant l'un l'autre, ils se dirigent vers le sapin. Tiago sort un sachet de la poche de son sac à dos et en extrait de petites choses.

— Bah voilà ! Votre sapin, il fallait le temps que ça prenne ! Axel a justement mis des étoiles de côté, d'ailleurs. On passera les installer tout à l'heure avec les jumeaux.

— Mais…

— Mais rien du tout ! Vous vouliez un signe, en voilà deux ! déclare Mélanie en désignant les adolescents qui accrochent avec précaution leurs décorations au gigantesque sapin.

Elle resserre son foulard autour de son cou avant de prendre congé.

— Je m'occupe de Sardaigne, et en ce qui vous concerne : haut les cœurs ! C'est compris ?

Elle passe la porte qu'elle referme derrière elle avant de la rouvrir brièvement.

— Et encore merci pour les chaises ! lance-t-elle dans un clin d'œil.

22
C'EST LE POMPON SUR LE GÂTEAU!

22

JULIETTE ET ROMÉO

Quand Roméo rentre ce soir-là, Juliette prend un bain. Il toque et pénètre dans la salle de bains pour embrasser son amoureuse et savoir comment sa journée s'est déroulée. Elle a les yeux mi-clos, quelques bougies sont disposées autour de la baignoire et seule sa tête dépasse d'une montagne de mousse.

— Je n'ai pas arrêté de la journée, souffle-t-elle.

— Je comptais te proposer de dîner dehors, tu n'en as peut-être pas envie ?

Elle tourne son visage vers Roméo et prend un air contrit.

— Je suis claquée, on se commande plutôt un truc ?

— Ça marche, répond Roméo sans laisser paraître sa déception.

Il referme la porte doucement derrière lui et s'installe sur le canapé du salon. Toute l'après-midi, il a répété : *exit* la chasse au trésor, il a choisi avec soin les mots avec lesquels il annoncerait à Juliette qu'enfin ils avaient, après des années de galère, obtenu l'agrément d'adoption. La veille, il a joint les services concernés, et l'administratrice lui a confirmé qu'il était fort probable qu'un enfant rejoigne leur foyer dans les six mois.

Seulement Juliette est fatiguée, et son « plan restau » tombe à l'eau. Il faut d'ailleurs qu'il appelle l'italien pour annuler la table réservée plus tôt. Son regard se pose sur le téléphone de Juliette et il hésite... Jamais il n'a fouillé dans ses affaires, il ne tombera pas si bas. Pourtant ce n'est pas l'envie qui lui manque : depuis l'épisode du coup de fil, les SMS étranges se sont succédés. Alors que d'ordinaire sa fiancée évoque avec lui les conversations qu'elle entretient et la teneur de la plupart des messages qu'elle reçoit, il n'en a rien été. Plutôt que d'espionner le contenu du smartphone de Juliette, il choisit d'occuper son esprit en partant en quête du sapin. Il l'installera pendant que sa fiancée prend son bain, elle devrait être heureuse de cette attention.

Alors qu'il endosse son manteau, il aperçoit un Post-It, tombé du sac à main de Juliette : « Rendez-vous 14 h 30, hôtel Lamartine. »

En date du lendemain ? Mais Juliette n'est-elle pas censée travailler ? Le cœur lourd de soupçons, Roméo gagne la rue. La supérette du quartier a toujours un stock de sapins de petite taille et il choisit le plus remplumé. De retour à l'appartement, il positionne l'arbre près de la petite bibliothèque et entreprend de sortir le carton contenant les boules et les guirlandes.

— Comme c'est adorable, s'exclame Juliette dans son dos.

Elle est en peignoir et a remonté ses cheveux en chignon. Il la trouve si belle et ne peut s'empêcher d'éprouver une grande tristesse. Il ne peut pas concevoir qu'elle s'éloigne de lui au moment où ils s'apprêtent à basculer dans la joie… Elle s'approche du sapin, se penche au-dessus du carton et choisit une boule ancienne. Roméo la reconnaît, il sait qu'elle date de l'enfance de Juliette. Elle la place consciencieusement sur l'une des plus hautes branches, reste quelques secondes à la considérer puis se tourne vers Roméo.

— Ça va ? s'inquiète-t-il.

Elle se contente de hocher la tête et disparaît dans leur chambre avant de revenir tout aussitôt. Elle tend alors un petit paquet à Roméo.

— Je ne tiendrai pas jusqu'à Noël, explique-t-elle.

Roméo, perplexe, déballe le papier cadeau et découvre de minuscules chaussons blancs ornés d'une étoile. Il reste sans comprendre à les fixer avant d'interroger Juliette du regard.

— Ça sera très joli en décoration de sapin, annonce-t-elle en rougissant.

— Tu veux dire que…, bafouille Roméo en sortant peu à peu du brouillard.

Juliette hoche la tête vigoureusement en lui sautant au cou.

— Je n'y croyais pas… Mais je suis enceinte de trois mois ! Moi ! Enceinte ! Je retourne faire une échographie demain ! Je voulais être certaine que tout allait bien avant de te l'annoncer ! Oh, je n'en pouvais plus de n'en parler qu'à ma mère !

Roméo reste interdit. Son cerveau danse la salsa, son ventre le twerk, pendant qu'il tente de remettre toutes les informations dans l'ordre.

— Tu veux dire que… On va avoir un bébé ?

Juliette sautille sur place en riant.

— Oui ! Oui ! Oui !

Roméo la serre dans ses bras. Il enfouit son nez dans sa nuque qui sent le shampoing et le bain moussant. Ils vont avoir un bébé ! Enfin, presque…

— Hum… Ma chérie, j'ai moi aussi un truc à te dire. Il vaut mieux que tu t'assoies.

Juliette se ferme instantanément. Ils ont par le passé encaissé de mauvaises nouvelles qu'elle serre les poings par anticipation. Roméo s'installe près d'elle et prend ses mains dans les siennes.

— C'est formidable. Inespéré, miraculeux et formidable. Je suis comblé de bonheur…

— Mais quoi ? s'inquiète Juliette, les yeux emplis d'angoisse.

— On a eu l'agrément d'adoption. D'ici six mois, on accueille un petit bout.

Un profond silence gagne l'appartement. Tous deux se jaugent, impatients de savoir ce que l'autre pense… Puis le bonheur se propage sur leurs visages, un bonheur qui gagne tout l'espace et même au-delà.

Juliette et Roméo s'étreignent du plus fort qu'ils le peuvent.

— On va avoir deux bébés !

23

LA NUIT PORTE SOMMEIL.

23

TiAGO

Pierre observe son fils qui fronce les sourcils en regardant par la fenêtre.

— Ça va comme tu veux, Tiago ?

— Ils ont annoncé de la neige, mais pour le moment je n'y crois pas.

Pierre sourit. Il comprend l'envie de son ado. Petit, il passait les fêtes de Noël chez ses grands-parents, dans le Jura, et sautait de joie lorsque les premiers flocons commençaient à tomber.

— Ce n'est plus si fréquent, tu sais...

— Ouais, mais Gloria dit que Paris enneigé depuis Montmartre, c'est fantastique.

— On dirait que vous ne vous quittez plus.

— On s'entend bien. Elle est cool, même si elle dit détester les fêtes de fin d'année. Je pense que c'est surtout pour se donner un genre. Au fait, c'est bon : j'ai déposé les décorations sur le sapin de Bastien.

— Parfait. Reste à acheter le nôtre, déclare Lola en sortant de la cuisine.

Tiago se tourne vers sa mère.

— Tu comptes en mettre un ?

La mère de famille pivote vers le salon.

— Étant donné que nos affaires ne sont pas encore arrivées, on a plus que jamais la place !

— OK. Je m'en occupe tout à l'heure ! décide Pierre en ramassant la vaisselle du petit déjeuner.

— Qu'as-tu prévu pour ton premier jour de vacances, Tiago ? dit Lola en regardant la date notée d'une étoile sur le calendrier.

— Je vais aider Gloria à repeindre sa chambre.

Pierre et Lola échangent un coup d'œil complice.

— Très sympa de ta part, dis donc.

L'adolescent répond par une petite moue.

— Vous savez, l'annonce pour le sac...

— De Mélanie ? répond Pierre.

— Est-ce qu'elle l'a retrouvé ? demande Tiago.

Lola secoue la tête négativement.

— Je ne sais pas du tout. Pourquoi cette question ?

Tiago repose ses couverts sur son assiette et se lève en évitant soigneusement de croiser le regard de ses parents.

— Ça m'embête pour elle, c'est tout.

Tiago descend trouver le gardien dans sa loge et, sous couvert de se renseigner sur la petite fête qui doit se tenir le lendemain, il le questionne à son tour. Bastien fait la grimace.

— Non, les annonces n'ont rien donné. Ça n'a rien d'étonnant, le voleur n'allait pas se manifester.

Tous deux considèrent le sapin avec attention.

— Il se garnit peu à peu, fait remarquer Tiago.

Bastien lui donne une petite tape amicale sur le bras.

— C'est un peu grâce à Gloria et à toi : vous avez ouvert le bal, c'est toujours le plus difficile !

Tiago s'approche de l'arbre et pointe du doigt les branches les plus hautes.

— On a mis celles-là, et puis celles-là aussi.

— Mélanie et ses enfants sont passés hier soir. Les jumeaux tenaient absolument à ce que je sois là pendant qu'ils fixaient les boules.

— Je croyais que ça ne devait être que des étoiles ?

— Les consignes sont faites pour ne pas être respectées, s'amuse Bastien.

— Et celles-là ?

— Dernier étage : Anastasia est venue avec Boris, l'autre soir, et ça rigolait bien !

— Il manque qui ?

— Moi ! Mais j'attends le dernier moment, je comblerai les trous ! Et puis le couple de personnes âgées, ce qui ne me surprend pas des masses. Je n'ai encore jamais croisé la femme. Quant à lui, il limite les interactions au strict minimum.

Fort de ces informations, Tiago prend congé et son courage à deux mains. Il ne sait peut-être pas grand-chose de la vie, mais il sait ce qu'il a vu. Le soir de leur arrivée, alors qu'il faisait le tour des lieux, il est certain que le vieil homme constamment collé à sa fenêtre est remonté de la cave avec un sac. Quand, le lendemain, il a eu vent de cette histoire de vol, il a de suite fait le rapprochement… Il a tenté de faire part de ses soupçons à Mélanie, mais, une fois devant elle, il s'est trouvé beaucoup moins sûr de lui. Et s'il se trompait ? S'il accusait le grand-père à tort ? Alors, il a prétendu proposer ses services de baby-sitter. Pour finir, il est question qu'il garde les jumeaux un de ces soirs. Non, cette fois, il va s'y prendre autrement. Il lui faut traiter le problème à la base.

Il presse la sonnette et patiente. Après de longues secondes, il entend de l'animation derrière la porte et bientôt la tête du vieux hibou apparaît. Il fait presque peur, avec ses poils qui lui sortent des oreilles et ses cheveux rares, mais hirsutes.

— Oui ? demande l'homme d'un ton peu amène.

— Je m'appelle Tiago. Ma famille a emménagé il y a deux semaines. Je peux entrer ?

— Pour quoi faire ?

— Faut qu'on parle.

— J'ai rien à dire.

— C'est qui ? lance une voix dans les tréfonds de l'appartement.

— C'est rien ! répond le vieil homme en jetant un œil par dessus son épaule avant de reporter son attention sur son visiteur.

Tiago se sent mal à l'aise, mais résiste à l'envie de battre en retraite.

— Je sais que c'est vous qui avez pris le sac de Mélanie.

La peau ridée de Cyprien s'empourpre, ses yeux délavés perdent de leur agressivité et il baisse la tête.

— Je peux entrer ? reformule Tiago.

D'un geste las, le vieil homme ouvre la porte plus largement et s'écarte du passage.

24
PLUS ON EST DE FOUS, MOINS IL Y A DE RIZ.

24

CYPRIEN

Au 12, rue Mansart, c'est l'effervescence. Bastien et Pierre installent des tables pour accueillir les toasts confectionnés. Sa loge est trop petite pour recevoir ceux qui ont répondu à l'appel, alors il a tiré les doubles vantaux du hall pour créer un espace abrité. Ainsi, ils seront certes à l'extérieur, mais à l'abri de la neige qui menace depuis plusieurs jours.

Mélanie arrive avec Axel et les jumeaux. Derrière eux se tiennent ses parents, tout juste débarqués d'Avignon. Les enfants leur expliquent l'histoire du grand sapin ramené par Bastien et décoré par presque tous.

— Que vous êtes bien ici ! commente le père de Mélanie.

— Et puis Bastien est tellement plus gentil que le vieux Sardaigne !

— Chut ! tente de dire Mélanie en pouffant.

— Je suis vraiment désolé pour votre sac, glisse Bastien. C'est incompréhensible.

Mélanie hausse les épaules. Elle enrage à l'idée d'avoir perdu le cadeau d'Axel, mais, heureusement, il n'a jamais su qu'elle projetait de lui offrir la Watch 3.0, ainsi il ne sera pas déçu.

Bientôt Anastasia et Boris débarquent en se dévorant des yeux.

— C'est votre chat sur le toit ?

La jeune femme lève la tête vivement avant de comprendre que le gardien la taquine.

— Maintenant, lorsqu'il sort, il se rend chez Boris..., confie-t-elle dans un sourire.

— Et ce mémoire, ça avance ?

Boris secoue la tête de haut en bas.

— J'aurai bientôt rattrapé mon retard !

— Il joue moins et a repris un rythme un peu plus classique, explique Anastasia en lui coulant un regard empli de tendresse.

Ensuite la famille de Gloria paraît, celle-ci en tête de file.

— Je croyais que tu détestais Noël ? lance Bastien.

— Bof, je fais avec. Ça passe, quoi... Tiago n'est pas là ?

En effet, Tiago brille par son absence, mais l'attention

de tous se porte sur Roméo et Juliette. Ces deux-là rayonnent et se chuchotent des secrets à l'oreille.

– Quelle formidable idée, Bastien. On ne fait que se croiser alors qu'on vit les uns sur les autres, remercie Juliette en attrapant une mini-saucisse.

– Extrêmement gentil, oui, appuie la mère de Gloria en levant un verre à l'intention du gardien.

Mélanie observe ses voisins tout en s'adressant à Bastien.

– J'espère que vous avez abandonné l'idée de nous quitter !

Un brouhaha parcourt l'assemblée.

– Hors de question, décrète Roméo.

Bastien tire sur son bonnet, mal à l'aise.

– Monsieur Sardaigne, qui a émis l'idée de revenir...

– Oh punaise, pas lui ! lance Boris.

– ... a finalement choisi de rester dans le Sud. Et moi, de rester tout court, annonce Bastien.

De grands sourires gagnent les visages, doublés de soupirs de soulagement. Profitant de ce moment de communication, Juliette fait un pas en avant :

– On rajoute deux étoiles au sapin ! annonce-t-elle en riant.

– Ah oui ?

– Je suis enceinte et notre procédure d'adoption a été validée !

— Deux bébés ! s'exclame Lola, impressionnée.

— Félicitations !

Tiago paraît à la porte de la cage d'escalier, mais reste immobile.

— Tout va bien ? s'inquiète Gloria.

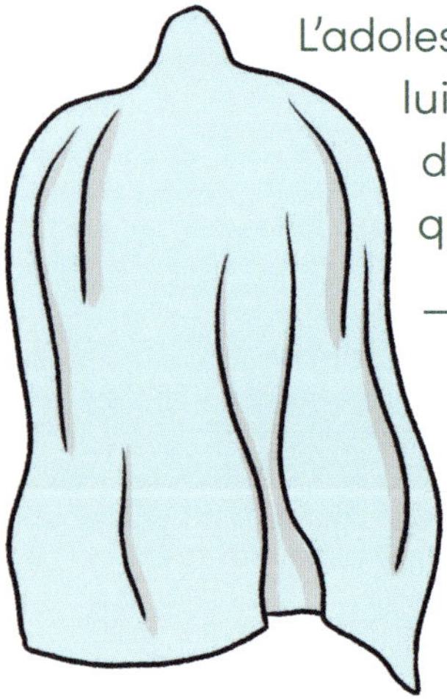

L'adolescent hoche la tête et laisse passer Cyprien devant lui. Le vieux monsieur avance lentement, portant dans ses bras une masse couverte d'un drap. Tiago, quant à lui, tient un sac.

— J'ai convaincu Cyprien de descendre. Tenez, je crois que c'est à vous, lance-t-il à Mélanie dans un clin d'œil.

Celle-ci se dépêche de mettre le sac sous une table de peur qu'Axel n'en voie le contenu.

— Pardon, mais je ne comprends pas. Et c'est mon drap ? dit-elle en désignant l'objet que Cyprien dépose avec précaution sur une table.

Le vieil homme lève enfin la tête pour faire face à ses voisins.

— J'ai vu ce sac à la cave, j'ai pensé que quelqu'un se débarrassait de vieux draps. Je l'ai pris pour Tilda, sa housse de couette était plus qu'usée.

À ces mots, il tire sur le morceau de tissu, laissant apparaître une cage.

— Un perroquet ! s'écrient les enfants.

— Une perroquette, rectifie Cyprien d'un air malin. Elle s'appelle Tilda, en souvenir de feu mon épouse Mathilda.

— Je suis si fatiguéeeee ! s'époumone l'oiseau, déclenchant une vague de rires.

— Quand j'ai réalisé qu'il y avait autre chose que des draps, j'ai eu honte qu'on me prenne pour un voleur.

— OK, OK... Ce n'est pas grave, conclut Mélanie, qui craint que le contenu du sac ne soit évoqué.

Cyprien s'approche de Bastien.

— Je n'ai plus de décorations de Noël chez moi, mais j'ai encore mes outils de menuisier. Avec quelques chutes de bois, je vous ai fait ça, continue le vieil homme en sortant de la poche de son manteau de petites étoiles finement ouvragées.

— En fait, Cyprien n'est pas un ours, mais un grand timide, explique Tiago en rejoignant ses parents.

— Oh, je peux être un ours de temps en temps, rétorque l'intéressé.

Et, pendant que l'ensemble des habitants piochent dans les petits-fours préparés par Lola, la neige se met à tomber à gros flocons. Les petits foncent dans la cour tandis que les grands s'extasient.

— C'est toujours magique, souffle Anastasia en se lovant contre Boris.

Gloria attrape la main de Tiago et l'entraîne à sa suite :

— Bon, nous, on vous laisse : je lui ai promis Montmartre sous la neige !

FIN